Hans Jürgen Heringer

Richtig Ӂ

GEGENDERT?

Ironischer Sprachtrainer

Bibliografische Information der Deutschen Nationalbibliothek

Die Deutsche Nationalbibliothek verzeichnet diese Publikation in der Deutschen Nationalbibliografie.
Detaillierte bibliografische Daten sind im Internet über http://dnb.dnb.de abrufbar.

Auf der Bornau 29
D-56321 Brey

Druck und Endverarbeitung (print on demand):
Books on Demand (BoD) GmbH
In de Tarpen 42
22848 Norderstedt

Printed in Germany

IISBN: 978-3-9822658-8-9

Inhalt

1. Sprachlehre	9
2. Stilprobleme	35
3. Sprachreform?	55
4. Sprachkritik!	85
5. Moral	101
6. Kommunikative Moral!	119

Zur Einleitung

Als doppelt oder gar dreifach Betroffener treibt's mich lange schon um, zu diesem Thema zu schreiben. Einmal als ständig Betroffener und Provozierter. Dann als ewiger Linguist. Und schließlich als beständiger Sprachkritiker.
Bücher schreiben war für mich immer eine Lust, hat immer Spaß gemacht, auch wenn es Arbeit gemacht hat. – Weil es Arbeit gemacht hat?
Bei dieser Materie hörte der Spaß sehr bald auf. Ich sah mich mit so viel Unsinn, mit soviel Ideologie, Borniertheit und Kampfgetöse konfrontiert, dass der Spaß nicht aufkam. Außerdem sah ich, dass viele rationale Kollegen (und das ernst ungegendert!) das Handtuch geworfen hatten.
Eigentlich fand ich die Auseinandersetzung – wenn ich das euphemistisch mal so nennen darf – immer fruchtlos.
Ja und jetzt? Ich glaube und hoffe, dass ich einen Weg gefunden habe, eine Schreibart, die mir doch Spaß machen könnte.
Und hoffentlich auch Ihnen.

Vielleicht sollte ich vorsorglich darauf hinweisen, dass im ganzen Text mit ungegenderten Personenbezeichnungen nur Männer und dergleichen gemeint sind.

1. Sprach Lehre

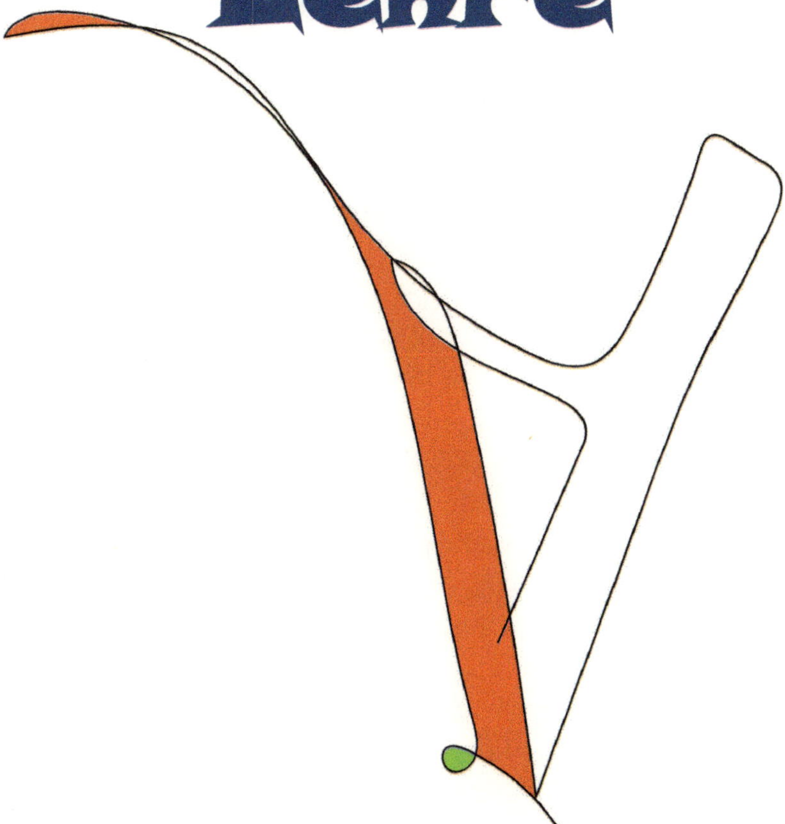

Zum Anfang

Wie der Titel dieses Buches sagt: Es geht hier ums Gendern. Das Verb *gendern* steht noch nicht im großen deutschen Wörterbuch der Brüder Grimm. Es ist viel, viel jünger. Erst seit Kurzem in und deshalb vielleicht noch nicht so gefestigt in seinem Gebrauch. Vielleicht auch offen und schwammig, sodass man sich was zurechtlegen könnte. Erstaunlich, bei Duden gibt es zwar viel zum Gendern, das Verb scheint aber erst seit Kurzem im aktuellen Online-Duden zu stehen. Stattdessen findet sich etwas zur wichtigen Frage: Wie kommt ein Wort in den Duden?
Im DWDS finden wir aber erst mal drei einschlägige Bedeutungsangaben:

1. geschlechtsneutrale oder geschlechtsinklusive Ausdrücke verwenden und dadurch Texte so gestalten, dass die Ausgrenzung aufgrund des (sozialen) Geschlechts vermieden wird
2. einen Gegenstand oder ein Produkt einem bestimmten (sozialen) Geschlecht zuschreiben
3. jmdm. (durch Anrede o. Ä.) ein (soziales) Geschlecht zuschreiben

Gleich zeigt sich hier, wie schwierig es ist, eine einigermaßen neutrale Angabe zu geben.
Wichtig ist dabei erst mal, dass es um das soziale Geschlecht gehe, was immer das ist. Allerdings mit Recht eingeklammert. Denn tatsächlich – werden wir sehen – geht es doch um Sexus. Wenn ich die drei Varianten zu gewichten hätte, würde ich die erste ins Zentrum stellen, und das tue ich dann auch.

Vor allem, weil ich die zweite nicht so ganz verstehe und für die dritte kein Beispiel zur Hand hätte. Mir scheint es zur ersten zu gehören. Nun bleibt aber die Hauptfrage: Warum tut man es und wie tut man es? Es heißt, man will:

⇒ gleiche und faire Behandlung von Frauen und Männern im Sprachgebrauch und
⇒ dazu geschlechtergerechte Sprache anwenden.

Dazu dann mehr im Detail. Unfair sei es vor allem, wenn Frauen nicht sichtbar seien (in Texten, die sie angehen?). Ein frühes Beispiel die StVO, in der etwa nur von Autofahrern die Rede ist und Frauen gar nicht vorkommen. Mit Autofahrern seien eben nur Männer benannt und das sei unfair. Das ist ein bemerkenswertes Argument. Man hat dann auch experimentell nachgewiesen, dass überwiegend an männliche gedacht werde (und so ein Text so verstanden würde?).
Nachgewiesen? All diese Experimente zeugen nicht von linguistischer Expertise. Nicht bedacht:

- Vorkommen im Text, im spezifischen Text,
- der Sinn des Textes im jeweiligen Kontext,
- die Textsorte und Sinn des Textes überhaupt.

All dies tun normale Menschen intuitiv.

Wie immer solche Experimente angelegt waren, wir haben mit der StVO ein empirisches Großexperiment dafür, dass Frauen bei den Autofahrern immer dabei waren. Hätte eine vor Gericht argumentiert, sie komme da nicht vor, dann . . . wäre deutlich geworden, wie unfair die StVO ist. Vielleicht hätte sogar eine Richterin nicht anders gekonnt.

Wichtig ist, dass bei solchen Argumentationen eine Sprachauffassung zugrunde gelegt wird, die vor Unwissen strotzt. Schon bei oberflächlicher Betrachtung und bei empirisch fundierter Bedeutungsermittlung (die übrigens anzuwenden, der Duden auch vorgibt und die im neuen Fremdwörter-Duden auch tatsächlich schon mal Verwendung findet), schon da erkennen wir bei *Autofahrer* keinen männlichen bias, also keinen Sexusschlag. Sehen Sie selbst hier den engeren und den eher peripheren Bedeutungshof zum Zeitvertreib und zum Fahnden nach dem Männlichen.
Dass *Autofahrerin* hier vorkommt, hat gewiss damit zu tun, dass neben dem generischen Gebrauch auch ein sexusspezifischer gebraucht wird. Wie natürlich bei *Autofahrer* auch.

Betrunken und alkoholisiert – wenn das nicht sexusträchtig ist! Frauen trinken ja nicht. Mehr Derartiges finden Sie leicht hier.

Promille

Das Gleiche ergibt eine andere empirische Methode der Bedeutungsermittlung und -darstellung, das sog. Chunking, wie es seit längerem in der Sprachlehre Verwendung findet. Sollten da immer Männer gemeint sein? Wär doch schön – für Frauen!

> abend . . . Jahre alter Autofahrer . . . Verkehrsunfall
> viele Autofahrer noch mit Sommerreifen unterwegs
> nutzen viele Autofahrer die Straße als Schleichweg
> Wintereinbruch [. . . hat] viele Autofahrer
> für Autofahrer [. . .] Radler [und] Fußgänger
> unbekannter Autofahrer prallte . . . Wagen
> ein Autofahrer frontal einen entgegenkommenden Wagen
> ein Autofahrer [. . . mit seinem] Wagen
> Uhr müssen [die] Autofahrer . . . mit Behinderungen rechnen
> Ein betrunkener Autofahrer [. . .] verursachte . . .
> viele Autofahrer waren noch|mit Sommerreifen unterwegs
> Die Polizei [. . .] bittet [die] Autofahrer die . . .
> ein Autofahrer [. . . bei|nach einem] Unfall
> Unfallflucht beging ein bislang unbekannter Autofahrer
> Tausende Autofahrer standen im Stau
> alle Autofahrerinnen und Autofahrer
> betrunkenen Autofahrer wurde . . . Führerschein
> ein Autofahrer [. . .] schwer [. . .] verletzt worden
> Autofahrer [auf] entgegenkommende [. . .] Radfahrer
> sollten [. . .] Autofahrer [. . .] meiden

Übrigens, im Kurzkontext hier liegt öfter nahe, dass es um Männer geht. Im Plural wohl schon weniger?

Frauen erscheinen erst im realen Kontext.

Zu den neuen Methoden bei einem angenehmeren Thema hier bitte.

Hans Jürgen Heringer

Love hurts.
Die Macht der Liebe

Semantische Experimente

Grundprinzip neuerer Theorien ist: Bedeutung fällt nicht vom Himmel. Sie entsteht im Gebrauch der Sprache als kondensierter Sinn. Das heißt, was wir in der Kommunikation meinen und verstehen. Nicht so ganz einfach. Denn um etwas zu meinen, brauchen wir die Bedeutung. Es ist das Gemeinsame, das wir unterstellen. Und es ist ständig im Wandel. Allerdings ganz, ganz langsam und eher unmerklich.

Wollen Unbedarfte etwas über die Bedeutung eines Wortes wissen, schauen sie ins Wörterbuch. Allerdings eine heikle Sache. Meist sind die Wörterbuchangaben viel zu kurz. Das Wichtigste aber: Sie sind nicht fundiert. Sie hängen meist einer alten Tradition an, nach der sie Definitionen geben, erfinden. Das ist keine Beschreibung des Sprachgebrauchs und wird auch schon lange kritisiert. Also mit Vorsicht zu genießen.

Dazu dann ein anderer Fall, wo einige sich auf den Aspekt der Personenbezeichnung kaprizieren und die Rolle der Bezeichnung einer Funktion oder einer Rolle ignorieren. So etwa wenn Sie sagen: Ich muss unbedingt zum Arzt. Ja, da könnte Vorsicht geboten sein.
Holen Sie sich Rat bei Duden, wenn Sie etwas zur Bedeutung wissen wollen!
Da finden Sie:

Arzt
Bedeutung
männliche Person, die nach Medizinstudium und klinischer Ausbildung die staatliche Zulassung (Approbation) erhalten hat, Kranke zu behandeln (Berufsbezeichnung)

Natürlich schaut man normalerweise nicht in ein zweites Wörterbuch. Wäre zu riskant? Da würden Sie etwa finden (DWDS):

Arzt
Person, die auf Grundlage einer medizinischen Approbation beruflich mit der Prävention, Diagnose und Therapie von Krankheiten beschäftigt ist

Aber vielleicht haben Sie nur einen etwas älteren Duden zur Hand. Da würden Sie dann finden:

Arzt
jmd. der nach Medizinstudium und klinischer Ausbildung die staatliche Zulassung (Approbation) erhalten hat, Kranke zu behandeln

Der Duden behauptet schon lange, seine Bedeutungsangaben seien empirisch gewonnen auf Basis ihres eigenen Riesenkorpus. Aber wer darf das schon sehen oder gar, wie die Redaktion die Angaben gewinnt? So wurde denn ein Arzt in rasantem Sprachwandel männlich. Dies kann ich als Linguist nur als Ungeheuerlichkeit bezeichnen. Auch schon im inneren Kreis dieser Wissenden fragt man sich, wie das eingeklammerte, verloren dastehende *Berufsbezeichnung* unterzubringen wäre.
Bedeutungsangaben im Wörterbuch sind schon lange ein Thema der Linguistik. Sind es Konstrukte eines Durchschnittssprechers? Eines ausgedachten? Wie schwierig wäre es einen Verwendungsdurchschnitt herzustellen?
Oft wird zwischen Bedeutungserklärungen im Wörterbuch und Sacherklärungen in Enzyklopädien kein Unterschied gemacht. So kann der tatsächliche Gebrauch schwerlich dargestellt werden.

Eine andere Frage: Was ist die übergeordnete Kategorie, das genus proximum (ein anderes!) der klassischen Definitionslehre? Welcher ist das Wort zuzuordnen?

Arzt = eine Person?
Arzt = ein Beruf?
Arzt = eine Rolle?

Meist sind solche Zuordnungen des Stichwortes schlicht einseitig oder gar falsch. Und wie oft findet man gar keine. Wie vielleicht bei *Gerechtigkeit*?
Dies führt bei der semantischen Kennzeichnung zur Verabsolutierung einer Bedeutungskomponente. Da arbeiten Sprachwörterbuch-Schreiber und jetzt auch *innen tendenziös und unsauber. Für bestimmte Zwecke gedacht und gemacht sind solche Wörterbuchartikel sicher hilfreich und als oberflächliche Hinweise brauchbar. Aber valide?
Darüber hinaus bleibt das Problem ausgeblendet, dass mit unterschiedlichen Darstellungsweisen verschiedene positive oder negative Bewertungen ausgedrückt werden. Und auch gewollt und gezielt tendenziell.

Nach meinen Vorführungen zu *Autofahrer* noch ein kurzer Blick auf eine verlässliche, ideologisch weniger infizierte Bedeutungsdarstellung für *Arzt*.
Wunderbar eingebettet ins normale Arztleben und -handeln.
Auch hier werden Sie wieder wenig Sexusspezifisches finden.
Es sei denn, Sie sind infiziert und lesen maskuline Personenbezeichnungen kontextlos als männlich.

Sie können es gewiss selbst ausdeuten.

Behandlung
Klinik verordnen approbiert
Gebrauchsinformation
Krankheit palästinensisch raten
verordnet Psychiater
alarmieren Apotheke
verabreichen
Diagnose anwesend
Doktor untersucht
Approbation Stalingrad
Medizin bescheinigen
Spritze Medikament Praxis
diagnostiziert Therapie
attestieren konsultieren Masseur
unerwünscht ausgebildet
Rezept herbeigerufen zufällig krank
unbedingt niedergelassen sofort
Hippokrates Krankenschein
Ärztin Krankenschwester attestiert
jüdisch Allgemeinmedizin Spital
diagnostizieren konsultiert
Abtreibung diensthabend Patientin
pensioniert praktizieren Sanitäter
Zahnarzt Psychologe Schriftsteller
medizinisch operieren
Tierarzthelferin
gerufen Untersuchung Vertrauen
feststellen Erstversorgung
Sterbehilfe Rücksprache behandelt
befreundet Psychotherapeut gegangen
alarmiert Apotheker Naturforscher
untersuchen verschreiben Hebamme
Gang Vertrauensverhältnis empfehlen
Operation praktisch
Praktikum aufgesucht Patient
verständigen Krankenhaus
leiten behandeln verschrieben

In Wörterbüchern ist es seit eh und je üblich, das Stichwort im Artikel nicht zu wiederholen, sondern durch eine Tilde zu ersetzen. Wenn nun der Duden für *Arzt* und *Ärztin* zwei Einträge hat, wo wäre unterzubringen *verarzten*? Wo *Ärztekammer*? Klar, wir machen die *Ärztinnenkammer*, die schaffen wir link mit links. Und die Zahnarzthelferin sollte nur von einem Chef träumen? Dann noch der Notarztwagen, was machen wir mit dem? Wenn dann am Schluss eine Ärztin drin wäre?
Willkürliche Eingriffe in die Sprache sind hochriskant.

Geschäftsideen

Wenn demnächst im Duden ein Mieter nicht mehr „jemand, der etwas gemietet hat" ist, sondern eine „männliche Person, die etwas gemietet hat" . . .
Welche schlimmen Folgen könnte das haben?
- ☐ Deine Mietverträge sind nicht mehr gültig?
- ☐ Der Duden wird vor Gericht nicht mehr herangezogen.
- ☐ Der Duden verliert die Definitionsmacht.

Wenn nun aber *Arzt* und *Ärztin* nicht nur verschiedene Wörter sind und voneinander unabhängige Bedeutung haben, welche Vorteile könnte das haben für Duden?
- ☐ Das Wörterbuch wird dicker und teurer.
- ☐ Er würde von Fortgeschrittenen wohlwollend rezensiert.
- ☐ Er würde vielleicht an Ansehen verlieren.

Wenn der Duden dann (demnächst oder schon?) zwei getrennte Einträge für *Ärztin* und *Arzt* bringt, dann
- ☐ muss er konsequent den ganzen Duden aufschwemmen.
- ☐ müsste er für jede Tilde einen neuen Artikel beginnen.
- ☐ kümmert er sich nicht mehr um das Deutsche.

Wenn die Duden-Redaktion für *Schüler, Arzt* oder *Mieter* keine geschlechtsunspezifische Bedeutung kennt, dann frage ich mich eher nicht:

- □ Wie viel Frauen sind da drin?
- □ Sind sie einfach doof?
- □ Handeln sie ideologisch?

Ein anderer Punkt der kommunikativen Ignoranz offenbart sich in der Forderung, Frauen müssten genannt werden. Ein generisches Maskulinum wie *Autofahrer* genüge da nicht. Dies hängt einer Art Explizitheitsideologie an und weiß nicht,

- ⇒ dass es wahrhaft Explizites in der Kommunikation gar nicht gibt,
- ⇒ dass sehr viel und Entscheidendes fürs Verstehen auch in deren Sinn immer implizit läuft.

Kurz zum ersten Punkt: In der Kommunikation werden nur Laute, wird nur Akustisches übertragen oder sekundär Verschriftlichtes. Der Sinn des Gesagten muss entnommen werden, entsteht im Geiste der Rezipienten, und zwar auf Basis der Bedeutung, jene Fiktionen, die wir als Individuen nutzen, um zu verstehen. Es ist das verlässliche Allgemeine, auf das wir uns verlassen, das aber dann doch nicht so sicher allgemein ist: die Bedeutung. Aber sie ist vor allem vage, ohne feste Grenzen und wandelbar.

Der zweite Punkt ist wichtiger hier: Nicht nur die Bedeutung ist implizit, sondern viele andere kommunikative Verstehensgrundlagen. Wir sagen nur, was nötig. Aber auch so viel wie nötig. Davon gehen wir selbstverständlich alle aus. Nicht zu viel und nicht zu wenig: Das Minimaxprinzip.

Natürlich spielst dabei auch du eine Rolle: Du sagst, was nötig ist, was du denkst, was nötig ist für deinen Partner.

Erzählst du etwa als Frau: Als ich nach Hause kam, lag ein Mann in meinem Bett, dann gehen wir ohne weiteren Kontext davon aus, dass es nicht der deine war. Härter für Explizitheitsfans wird es in der Grammatik. Bekanntlich reden wir im Präsens über Gegenwärtiges. Nicht wahr? Und „zwei mal zwei ist vier". Grad jetzt? Und „ich komme später" wohl auch? Da könnte man eines Besseren belehrt werden. Und „Goethe stammt aus Frankfurt"? Wann denn?

Da muss man doch deutlicher werden! Ja, es gibt viele, die meinen, die Partner seien blöd, man müsse ihnen eben mehr sagen. Zeigen sie damit nicht etwas von sich selbst? Was sie von mir halten? Oder ist das ihnen vielleicht egal?

Übrigens, Personen kommen in Texten überhaupt nicht vor. Von daher ist auch die Redeweise schief, Frauen seien in manchen Texten nicht sichtbar. Das könnte ja in deren Sinn auch gut sein. Aber keine Angst! In Texten sind bestenfalls Wörter sichtbar, und selbst das nur in geschriebenen. Wären also gesprochene ausgenommen? Nein, es geht schlicht nur darum, dass sie nicht explizit – im Sinne der X-er – genannt werden.

Ja, mit dem *genannt* sind wir bei einem anderen potentiellen Sprachlehrstückchen.

Was tut man da im Einzelnen, wenn man Frauen qua Personenbezeichnungen vorkommen lässt?

- Spricht man von ihnen?
- Benennt man sie?
- Redet man sie an?
- Oder stellt man sie gar dar?

Das könnte im Einzelfall doch relevant werden, wenn sie schon sichtbar werden. Was sagt man über sie?

Kurz ein Wort zum Genus und zur Grammatikgeschichte. Schon in der lateinischen Grammatik wurden drei Genera unterschieden, nämlich masculinum, femininum und neutrum. Die Begründung für die dreiteilende Benennung war immer schon semantisch, nach den Nomen begründet. Schwierigkeiten gab es bei manchen Wörtern, weshalb man auch schon mal bis zu sieben Genera hatte, etwa bei Tierbezeichnungen wie *aquila*, wo ja klar war, dass es männliche und weibliche gab. Dafür gab es dann das commune und noch ein Genus für alles, für den ganzen unklaren Rest.

Die Inflation der Genera wirft natürlich die Frage nach der Anzahl der Sexus auf. Offenbar ziemlich viele.

Genus und Sexus ist ein fesselndes Thema und vor allem – sagen wir mal –, dass Genus etwas mit Sexus zu tun habe. Jacob Grimm wird da gern angeführt und besonders als Frauenfeind.

> Das masculinum scheint das frühere, größere, festere, sprödere, raschere, das thätige, bewegliche, zeugende; das femininum das spätere, kleinere, weichere, stillere, das leidende, empfangende; das neutrum das erzeugte, gewirkte, stoffartige, generelle, unentwickelte, kollektive, das stumpfere, leblose. (Grimm 1890)

Das klingt natürlich grausam in manch weiblichen Ohren. Doch Grimm könnte sich wohl getäuscht haben, denn es war gewiss eine empirisch gedachte Idee – vielleicht auch tiefenpsychologisch zu deuten. Und vor allem ein kleiner Ausschnitt aus über 100 Seiten, die Grimm dem Genus widmete.

Darunter noch viele Beobachtungen mehr, die in der Grundfrage einschlägig sein könnten, aber doch nicht so spannend klingen. Jacob Grimm kann man hier ganz in der lateinischen Tradition sehen. Und das Stereotypische kann man durchaus in der ewigen Ideologie des Männlichen und Weiblichen verstehen. Linguistisch gesehen taugt das alles nicht zur Beantwortung der eigentlichen Fragen.

Nehmen wir die Termini als rein terminologisch und nicht sprechend, sehen wir sofort, dass den Genera schwerlich eine Bedeutung zuzusprechen ist. Es bleiben nur die Fragen

- einer Affinität zu Sexus in ganzen Nominalgruppen,
- welcher Teil welchen Anteil daran haben könnte.

Jedem Artikel für sich, eben dem signifikanten Genusanzeiger, wird man schwerlich eine Bedeutung zusprechen können.

Wichtig hierbei wird erst einmal die Unterscheidung von Nomen mit semantisch eingebautem Sexus und solchen, wo per Wortbildung Nomina eine sexusspezifische Bedeutung haben. Die muss aber semantisch nachgewiesen werden, nicht einfach nach Gutdünken.

So kann man es nicht ernst nehmen, wenn jemand behauptet, Personenbezeichnungen, die mit *-er* abgeleitet sind, hätten semantisch eingebaut „männlich". Das wäre linguistische fiction und müsste viel aus dem Weg räumen. Hingegen haben die Pendants auf *-in* tatsächlich den Bedeutungszug „weiblich".

Ich aber versteh empathisch und sogar bi.

Aus der Verlagswerbung

Allmendinger ist eine der führenden Soziologinnen. Wunder mich allerdings, wohin sie mich führen will.

Genderhilfe

Beim Gendern mit Nomen auf *-er* ist bekanntlich Vorsicht geboten. Nicht nur bei dem erfundenen Mitgliederinnen-Joke und *Kinder* und *Kinderinnen*. Bei folgenden wird man schon mal gendern, wenn die Realität es verlangt: *Macker, Flitzer, Freier, Hexer*. (Wenngleich die Personen selten zu sehen sind, etwa die Flitzerin.)
Doch hier lieber nicht: *Broiler, Brüter, Hackepeter, Hummer, Lückenfüller*.
Hier flammte ein neuer maskuliner Sinn auf: *Büstenhalter*.
Und bei diesen hier mit Überlegung (!) auch beides: *Einteiler, Falter, Kitzler, Erzeuger*.
Wer da nicht aufpasst, kann schon mal ein Fehlerinchen machen.

Sogenannte **Diffs** sind besonders schwierig zu gendern. Automatisch geht es da nicht. Man muss etwas zur Bedeutung wissen. Und da wird es schwierig, weil viele mehr oder weniger ambivalent sind. Problemlos würde wohl ausgenommen *Fiaker*. Aber bei den folgenden kann man sich gut personale Verwendungen vorstellen:
Stecker, Sprinkler, Spritzer. Und was dann?
Die Steckerin, die Sprinklerin, die Spritzerin?
Da schweift die Fantasie in ganz andere Gefilde.

Dopps scheinen ein Glücksfall für uns. Es sind Wörter, die von Natur aus offen und sauber sind. Sie können ohne Veränderung – etwa durch den passenden Artikel – gegendert werden. Von Natur aus bi ist *Otter*. Ok, das sind ja keine Personen. Also nicht betroffen. Dann aber *die/der Schwerbehinderte, der/die Farbige, der/die Heilige*. Leider aber nicht beständig. Schon im Akkusativ bricht die lästige Differenz auf. „Ich verehre die Heilige." „Sie verehrt den Heiligen." Erst recht mit dem unbestimmten Artikel: *eine Schwerbehinderte/ ein Schwerbehinderter*. Da hilft uns aber die Weisheit der deutschen Sprache. Es ist grammatisch fest geregelt. – Und wir können uns auf die Grammatik berufen. Ob Ausrede oder nicht.

Wärmstens empfohlen

Konsequentes Gendern – wohl eher mechanisches Gendern – birgt Gefahren in sich. Man kann sogar mit der Wahrheit in Konflikt geraten, so bei den berühmten Studentinnen des Aristoteles.

Ein*e Anleger*in
hat guten Gewinn
gemacht.
Einer oder eine?

Alle Psychologinnen
und Psychologen sind
sich hierin einig.
Wer nun alles?

Wenn Sie von X-innen
und X-en reden,
wieviel % X-innen müssen
dabei sein,
damit es gendergerecht
ist?

Welche Genderlösung ist eher problemfrei?

- □ Kaufmann ≈ Kauffrau
- □ Zimmerfrau ≈ Zimmermann
- □ Amtmann ≈ Amtmännin

Und hier?

Verstrickungsgefahr!

Fragen Sie sich:

⇒ Ist Verstärkung nicht per se sexusneutral?
Und dazu noch feminin?

⇒ Was wäre ein gegendertes Zimmermädchen?
Oder gehört es ganz weg?

⇒ Einen Spüler oder einen Koch, das dürfen sie überhaupt nicht.
Höchstens mit m/w/d.

⇒ Ja, und die Mitarbeiter/in ist voll ok? Auch ohne d?

⇒ Und gleich wieder der Ausreißer. Oder selbstverständlich?
Oder beim Service anders? Oder Zeile zu kurz?

Fundsache

Eigentlich habe ich nie darunter gelitten, dass nach einem Mord der Täter gesucht wurde. Ich war es ja gar nicht!
Auch überrascht war ich nicht, wenn es am Ende eine Frau war. Mir war schon klar, so lange man ihn nicht hatte, konnte er ein Mann oder eine Frau sein. (Ulkige Grammatik für Puristen!)
Obwohl, empirisch war er eher ein Mann.
Nun lese ich im STERN genderbewusst: Wir wissen nicht, ob es mehrere waren, ob ein Mann oder eine Frau, aus Gründen der Lesbarkeit sagen wir aber „der Täter". Gut so. Obwohl diese Art der Problembehandlung schon lange verpönt ist. Wenn auch nur bei Frauen. Gottseidank erst mal textuell.
Und bald danach ist der unsere doch der Mörder. Textuell!

Koch oder Köchin?
Köchin oder Koch?

Wer gehört wo rein?

Köchin oder Koch?
Koch oder Köchin?

Wer gehört wo rein?

meisterlich
exzellent
beste
verwöhnt
vorzüglich
versiert
begnadet
böhmisch
drall
passioniert
leidenschaftlich
begeistert
patent

beschäftigungslos
diätetisch
passioniert
diätisch

besternt
tyrannisch
knorrig
höchstdekoriert

eingesessen
angehend
ambitioniert

Kuriositätenkabinett

Einzelpersonen können in Schreiben oder im persönlichen Gespräch mit Vor- und Zunamen angesprochen werden, etwa:
„Sehr geehrte Susanne Schmidt"

In Situationen, in denen eine Person nicht mit „Herr" oder „Frau" angesprochen werden möchte, ist es sinnvoll zu fragen:
„Mit welchem persönlichen Fürwort darf ich Sie ansprechen?"
„Ich heiße Kim Mayer, mein persönliches Fürwort ist *er*."

L'université de Genève et le KU Leuven recrutent
deux doctorant. e. s dans le cadre du projet Lieux de traduction
à fin de traduire français en genderie.

Ein Linguistinnenscherz oder Sprachmagie
„Unsere Sprache tut uns Gewalt an, weil sie die männlichen Formen bevorteilt."

Self-Assessments dienen dazu, sich selbst Klarheit über sich selbst zu schaffen. Oft sind sie vorgefertigt und mit einer Schlussanalyse versehen. Aber Lösungen gibt es da nicht. Es ist kein Quiz. Beantworten Sie die Fragen für sich. Versetzen Sie sich dazu in eine Frau und im zweiten Durchlauf in einen Mann.

Self assessment (ml)

Kreuze (im Geiste) an.

1 = nie . . . 6 = immer

Grammatische Fehler sind mir egal.

Grammatische Fehler versuche ich zu umgehen.

Ich kann keine sprachlichen Fehler erkennen.

Unser Ziel ist höher als korrekte Sprache!

Self assessment (wl)

Kreuze (im Geiste) an.

1 = nie . . . 6 = immer

Genus hat mich früher überhaupt nicht interessiert.

Genus und Sexus verwechsle ich sowieso nicht. Dafür ist Sex zu wichtig für mich.

Am wichtigsten ist, dass wir uns verstehen.

Was manche Linguisten sagen, hat mit Realität nichts zu tun.

Wörterbücher sind Bücher, in denen Leute, die die Bedeutung zu kennen glauben, sie festschreiben für Leute, die die Bedeutung nicht zu kennen glauben.

Le dictionnaire est fatalement quelque chose de mort.

Das alte Wörterbuch ist tot.

Es lebe das neue Wörterbuch!

2. Stil Probleme

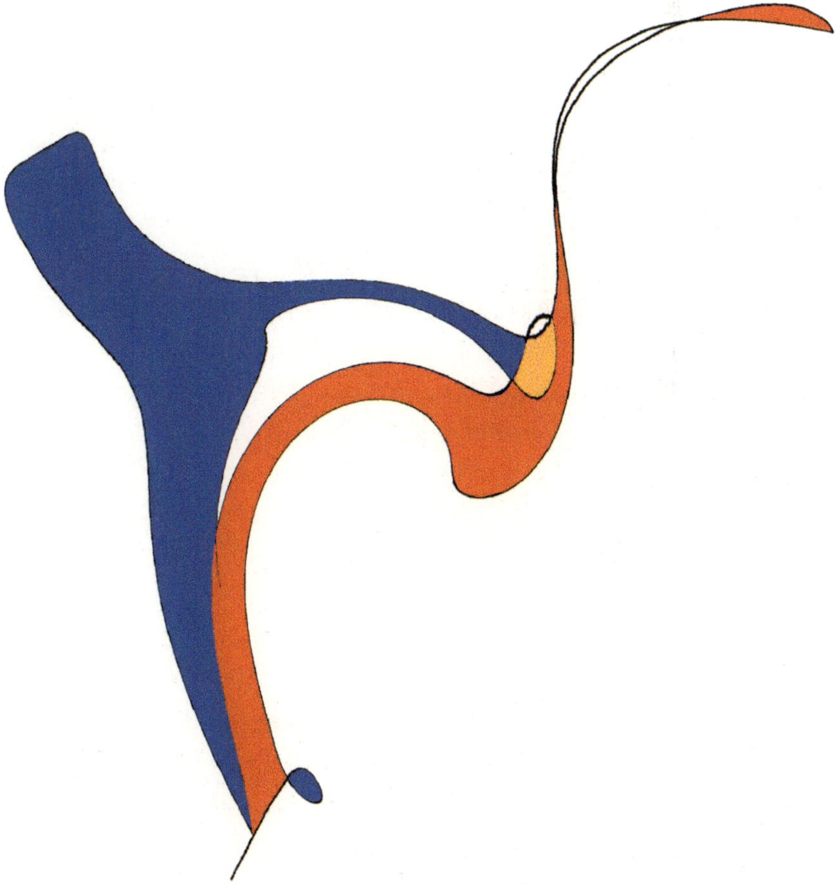

WarmUp

Sprachkürze gibt Denkweite (Jean Paul)

Stil ist eine komplizierte und unscharfe Kategorie – wie eben so ziemlich alles in der Welt. In neuerer Zeit wird nicht nur eine vorgegebene Stillehre nach Registern, Schichten, einzelnen Werken, Epochen gar, vorgeführt, sondern es geht auch um kommunikativ geschaffenen Stil, es geht um Stilisierung, ums Stilisieren und Stilisiertwerden.
Stil betrifft die Art und Weise, wie etwas ausgeführt oder gesagt wird. Mit dieser Bestimmung ist schon eine schwer haltbare Trennung eingeführt: Das Etwas und der Stil.
Folgerungen hieraus und Zuhilfenahmen sprachtheoretischer Grundsätze sind schwer haltbar: Der Stil eines Textes basiere darauf, dass man das Gleiche auf unterschiedliche Weise ausdrücken könne und der Autor eben diese oder jene Alternative gewählt habe. Solche Annahmen verstecken sich unterschiedlich. Letztlich ist es schwer hinterfragbares Alltagswissen, dass man das Gleiche auf unterschiedliche Art und Weise sagen könne: schroff oder höflich, gewählt oder vulgär usw.
Aber sagt man da nicht doch etwas Anderes?
Ähnliche Ansichten finden wir in der Sprachphilosophie. Da wird schon mal unterschieden in „what is said" und „how it is said". Das wird allerdings schon lange mit Skepsis gesehen:
Ist nicht jedes unterschiedliche Sagen etwas anderes sagen?
Sprache und Kommunikation sollten wir nicht mehr nach dem Schlichtmodell vorgegebener Dinge und Gedanken sehen, die sprachlich etikettiert werden und kommunikativ transportiert.

Vielmehr sollten wir von einer realitätskonstituierenden Potenz der Sprache ausgehen, nach der wir – irgendwie zusammen – die Welt kommunikativ strukturieren und so in gewissem Sinn erzeugen. Damit sind natürlich auch kritische Verfahren obsolet, die darauf abheben, irgendwelche sprachlichen Formulierungen stellten die Wirklichkeit nicht adäquat dar oder man selbst kenne die Wahrheit, die Kritisierten eben nicht.
Synonyme Ausdrucksweisen gibt es nicht. Das ergibt sich nicht erst aus der Gebrauchstheorie der Bedeutung. Vorgängige Differenzierungen in Aspekten der Bedeutung sind schwer zu rechtfertigen. Eine Unterscheidung in „eigentliche Information und der Rest" ist nicht haltbar. Der Gebrauch eines Wortes umfasst alle Nuancen bis hin zu Wortspielen, Assoziationen, Emotionalem und metasprachlichen Verwendungen.
Eine andere verbreitete und stillschweigende Grundannahme vieler Stilistiken ist, Sprache sei ein Medium. So wird dann oft unterschieden nach der Logik der Sache einerseits und der Logik der Sprache andrerseits und öfter wird die Sachlogik auch als Beurteilungsmaßstab des Stils angeführt. Schlechter Stil sei Inadäquatheit von Sprache und Sache oder aber lasse die Sache schlecht erscheinen.
Wir favorisieren einen ganzheitlichen Ansatz, der den Stil als etwas Konstitutives ansieht: „Le style étant à lui seul une manière absolue de voir les choses" (Flaubert).
So wird die Unterscheidung von Was und Wie obsolet:

> Stil umfasst gewisse charakteristische Züge sowohl dessen, was gesagt wird, als auch die Art, wie es gesagt wird.

Schon Karl Kraus erkannte im Stil den Schwachsinn der Gedankenführung und die Lumperei der Gesinnung.

Stilistische Vorzüge sah Kraus als Maßstab ethischer Werte.
Er wird als Moralist angesehen und er war einer:

> Alle Vorzüge einer Sprache wurzeln in der Moral. Sie wird deutlich, wenn der Sprecher wahrhaftig sein will, klar, wenn er mit Wohlwollen und dem Wunsche spricht, verstanden zu werden, kraftvoll, wenn er ernst ist. (Kraus 1962, 246)

Manche gerieren sich scheinmoralisch, machen Wörter zu Schibboleths, an denen die Zugehörigkeit und die Unmenschlichkeit des Sprechers zu erkennen sei. Stil lebt immer von der Alternative. Ergiebige Spielwiese sind Euphemismen wie *freisetzen, Preisauftrieb, Minderbegabte; der Krieg brach aus*. Wofür steht das eigentlich? Und natürlich all die neuen und alten Kakophemismen wie *Neger*. Wofür steht das nun?
Wir bleiben erst mal bei den Texteigenschaften und bei der klassischen Stillehre. Was sind ihre Lehrsätze?
Seit langem spielen Verständlichkeit und Angemessenheit eine wichtige Rolle. Da könnte es um alle Aspekte der Sprache gehen: Phonetik, Morphologie, Syntax und Lexikon, um Neologismen, Archaismen, Fremdwörter und so weiter. Dann um Stilfiguren wie Oxymora, um rhetorische Figuren wie Metapher, Euphemismus. Auch Zeugmen wie „Ich heiße Heinz Ehrhardt und Sie herzlich willkommen" oder nahe dran: „Ich hasse Männer wie Frauen."
Hier bekommen Sie keine Stillehre, aber ein paar allgemeine Lehren doch. Zum Beispiel vom Altmeister Reiners (alias Engel) in seiner Stilkunst.

- Wider das Zweimalsagen! Die Regel „doppelt genäht hält besser" gilt für den Stil nicht.
- Spare mit der Leideform!
- Lasse Menschen in deinem Text auftreten!

Zuvor noch ein Wort zum Individualstil. Am Stil erkennt man den Menschen. Wir können durch genaues Hinsehen, Hinhören und Hinlesen erkennen, mit was für einem Menschen wir es zu tun haben? Ja, das können wir und wir tun es locker und andauernd. Der Stil wird als Ausdruck einer Person gesehen.
Die Idee ist alt, es gebe einen Individualstil, der jedem Individuum zukomme. Berühmt ist das Diktum „Le style c'est l'homme même" von Buffon. Dabei ging es ihm vor allem um reflektiertes Schreiben. In gleicher Tradition steht Schopenhauer, der den Stil als die Physiognomie des Geistes bezeichnete.
Stil ist geprägt durch Wiederkehrendes, wiederholte Strukturen, die wir erkennen und benennen. Der einzelne Text kann solche Strukturen zeigen, aber ohne Kenntnis des Ganzen können wir sie nicht erkennen.
Der Individualstil eines Menschen, sozusagen seine ID, ist in einem Sinn trivial: Wir nehmen alles, was uns auffällt – und insofern sind wir bei der Beurteilung involviert. Der persönliche Stil wird weitgehend als Sache des Individuums angesehen. Da er aber kommunikativ ist und in Kommunikation erzeugt wird, ist er öffentlich. Somit bleibt die Kreation des Stils auch Sache des Rezipienten und sogar der Analysierenden.
Im Rahmen der Sprach- oder Stilkritik werden außer bestimmten Äußerungen oder der Verwendung bestimmter Wörter auch wiederkehrende sprachliche Verfahrensweisen kritisiert. Ein Exempel hierfür ist die Agensverschweigung, wogegen sich auch Reiners' Verdikt gegen die Leideform richtet. All dies ist nicht so glatt als moralisches Problem zu sehen. Wir müssen ja davon ausgehen, dass die entsprechenden Verfahren in der Sprache vorgesehen, also wohl funktional sind.

In realer Kommunikation ist immer ein Gegenüber dabei und alles hängt davon ab, wie es die Äußerungen versteht und wertet. Wie weit die Partnerindividuen zu Komplizen werden, daran teilhaben als Rezipienten und dann als Sprecher, muss stets begründet werden. Einen Maßstab der Beurteilung, der Verurteilung gar kann erst im Ansatz der kommunikativen Ethik gegeben werden.

Stile existieren in Texten oder haften Texten irgendwie an. Sie sind nichts, was bewusst gemacht wurde, nichts, wofür jemand allein verantwortlich ist und verantwortlich gemacht werden kann. Stil wird gemeinsam von den Kommunikationsteilnehmern geschaffen und in jeder Phase up to date gehalten.

Wesentlich für diesen Ansatz sind also:

- Stil ist dynamisch.
- Stil wird interaktiv hergestellt.
- Stil wird konstituiert in Interaktion durch Produzenten und Rezipienten.
- Stil basiert auf Deutungsschemata.

Sich stilisieren und stilisiert werden sind nicht nur in der medialen Welt und öffentlicher Darstellung relevant. In jedem alltäglichen Gespräch findet Stilisierung statt.

Letztlich sollten wir das aber auch umdrehen.

In dem, was mein Gegenüber sagt, erkenne ich, wie es versteht, was ich sage. Und damit auch, wie es mich sieht. Ich erkenne, welche Annahmen und Voraussetzungen in seine Deutung eingehen. Ich kann vor allem seine Anteile sehen. Mein Gegenüber kann ich als Spiegel sehen, in dem ich mich selbst sehe und natürlich, wie es mich sieht – und sehe so wieder das Gegenüber.

Wenn ich zum Beispiel von Negern spreche, meint meine Partnerin, das sei so, als ob sie von Negern spreche. Oder unterstellt, wie andere sprechen. Wer ist hier rassistisch!? Wer unterstellt es mir? Und mit welcher Begründung? Sie beruft sich auf das Allgemeine – und an dem partizipiere ich vielleicht nicht.

Wir alle werden stilisiert. Von Stilisieren sprechen wir, wenn eine Darstellung vereinfacht wird, zum Beispiel nur noch skizzenhaft oder mit wenigen Strichen, als geometrische Figuren. Die Stilisierung läuft nach dem Weglass- und Betonungsschema. Man stilisiert sich selbst, indem man bestimmte Möglichkeiten hervorhebt und andere weglässt. Man wird stilisiert, indem bestimmte Möglichkeiten hervorgehoben und andere weggelassen werden. Stilisierung muss nicht bewusst sein. Dennoch wird sie Teil der Person.
Natürlich: Jeder darf sich selbst stilisieren: Sei es als Held oder weibliches Opfer oder . . . So sehen wir, wer sie ist. Problematischer ist die mediale Fremdstilisierung. Scharf machender oder auch dramatisierender Journalismus hat vor dem moralischen Auge kaum Bestand. Journalisten sollten sich fragen – wie übrigens wir alle –, wie weit sie zur Stilisierung und Stereotypisierung beitragen und beitragen dürfen.
Im öffentlichen Bereich sind wir eher ausgeliefert. Da hat Stilisierung viel mit Stereotypisierung zu tun. Aber als Rezipienten könnten wir es alle verstehen und sehen. Wir könnten uns fragen, wie weit wir mitspielen oder uns raushalten sollten.
Das ist auch der Sinn des sprachkritischen Slogans, der für alle gleichermaßen gilt:
Sprich, dass ich dich sehe!

Wie möchten Sie lieber nicht stilisiert werden?
Als Genderaccio?

Und würden Sie sich selbst gern so stilisieren?
Als reiner Genderino?

Und nun?

In den Empfehlungen zum korrekten Gendern wird offen gegen althergebrachte Stilregeln und Lehrsätze verstoßen.

Einst hieß es: In der Kürze liegt die Würze. Wie andere Stilregeln zieht das für Gender*er*in*n*en nicht mehr. Ein bisschen länger, ein bisschen umständlicher, das bringt der Sache mehr Gewicht, macht sie auffälliger. Also, alles im Dienst der Sache. Und je länger man braucht zum Lesen, umso mehr Zeit zum Nachdenken.

Ein gewisses Problem: Manche G* wiegeln gern ab mit ihren Eingriffen. Es gehe nicht um das Was, sondern nur um das Wie. Damit wollen sie wohl jene alte Auffassung von Stil nutzen. Aber da lauert schon ein erstes Paradox. Sollte es ihnen nicht doch um das Was gehen?
Na ja, Widersprüche sind nur vordergründig und genehm. Schließlich sprechen da ja viele und jeder steht ihre eigene Meinung zu.
Gell?

Agensverschweigung wurde nicht nur als entmenschlichender Stil gesehen. Auch sprachkritisch wurde sie als manipulativ erkannt. Etwa wenn Bomben einfach nur so fielen und nicht mehr von Verantwortlichen geworfen wurden. Und schon gar nicht die zu benennen.

Ein anderer Punkt der klassischen Stillehre war die Wortfolge im Satz. Sprach man sein Publikum an mit „Meine Damen und Herren", so zeigte man Höflichkeit. Denn was zuerst genannt wurde, galt als wichtiger. Nun aber beim Splitting. Alles schön gesplittet? Und dann?

Damit ist nicht alles erledigt. Es erhebt sich die Frage der Reihenfolge: *Bürgerinnen und Bürger* oder *Bürger und Bürgerinnen*. Da drohen neue Konflikte. Gar über die Anrede hinaus, im normalen Text. Eine übliche Regel der Satzstellung: Von zwei Satzgliedern geht, wenn möglich, das kürzere dem längeren voraus. Formuliert von Otto Behaghel, einem Mann also, und gar als Gesetz deklariert. Bisschen pfui: „Gesetz der wachsenden Glieder".

Das war aber bei ihm nicht das einzige. Hier kühn: Das Unwichtigere steht vor dem Wichtigen. Das können wir zeigen, weil wir bestimmen, was wichtig.
Sprechen beide Gesetze für die gleiche Formulierung? Oder gibt es da einen Konflikt? Am besten, wir vergessen den alten Linguisten und wissen, dass das Wichtigere immer zuerst steht. Dann ist jetzt ja alles ok.
Obwohl, man könnte geschlechtergerecht mischen.
Schnapsidee!?

Das Entmenschlichen ist eine stilistische Maßnahme. Wem die korrekt gegenderten Formen zu umständlich sind, vielleicht den Stil versauen oder das Lesen verkomplizieren, der kann echte Personenbezeichnungen vermeiden, indem er stattdessen von Institutionen und Körperschaften spricht.
Dafür taugen etwa -schaft-Komposita: *Lehrerschaft*, *Präsidentschaft*. Vertrackte Komposita allerdings, weil wieder der Lehrer drinsteckt.
Gefährlicher schon *Arbeiterschaft* und die no go's *Mannschaft* und *Herrschaft*. Vielleicht auch *der Lehrkörper*.
Weitere Möglichkeiten sollten intensiv erforscht werden.

Der Stil kann nicht nur elegant oder eigenwillig sein. Seit der Stilkunst des rechten Reiners wissen wir noch mehr. Vor allem haben wir die wichtigsten Krankheiten erkannt, als da wären: Adipositas (der aufgeblasene), Adjektivitis, Asthmatik (der stotternde), Substantivitis und Papierose.

In der Genderära sind nun weitere aufgetreten: die Prolongitis mit der Kolonitis. Verwandt die Obstipation mit den befallenen Obstipathen.
Einige werden als Folgeerscheinungen oder Nachwirkungen der Kolonitis diagnostiziert. Andere gelten als deren Mutanten. So die Starophrenie und die Strichelie mit den Varianten der Underscoritis und der Slasherei.

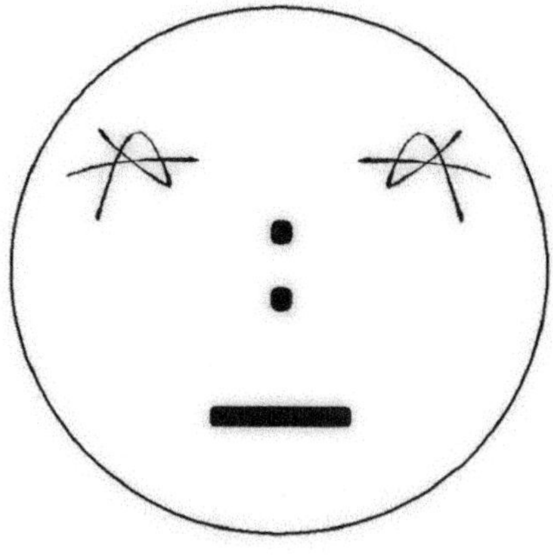

Im Dialog

Warum soll geschlechtergerecht formuliert werden? Geschlechtergerechte Sprache macht Frauen und Männer symmetrisch präsent.

Ein Zauberwerk. Oder nicht so gemeint?

Sprache lässt sich von dem, was Einer mit dem Anderen tut, nicht trennen.

Gerecht formuliert? Und sowas im Leitfaden!

In wissenschaftlichen, aber auch alltäglichen Texten wird die Verwendung einer geschlechtergerechten Sprache von manchen als schwer lesbar oder unverständlich empfunden.

Ja, und stimmt das nicht? Und macht das nichts?

Unsere Bastelecke

Wie hätten Sie's denn gern?
Auf jeden Fall zweimal lesen? Oder besser gar nicht!

Ein/e echt/e/er Deutsch/e/er . . .
Ein/e echt/er/e Deutsch/er/e . . .
Eine echte Deutsche und ein echter Deutscher . . .
gendert/ gendern pflichtbewusst.

Mit dem Verb *binnen* wird ein sprachliches Experimentieren bezeichnet. Genderfixe sollen nicht nur in Wortfolgen und über Wortfolgen behoben werden, sondern innerhalb von Wörtern. Betroffen sind vor allem Personenbezeichnungen auf *-er*.

Aus der fortgeschrittenen Innenschaft hier einige Ergebnisse:
*belehrerinnenisch, buhlerinnenisch, schwätzerinnenisch, bürger*innennah*. Auch schon mal: *bürger*innen*nah*.
Gammlerinnentum, Kraftmeierinnentum.
Wieso nicht mal: *Bürger*innen*räte*? Und dann:
Anwohnerinnenschaft, Gegnerinnenschaft.
Dies ist durchaus spielerisch gedacht, auch als Trainingsmasse, und sollte nicht polemisch genutzt werden.
Die Tage wurde mir in Berlin gar Elchinnenfilet serviert.
Ein Hochgenuss!

Autone sind automatisch gegenderte Nomen. Das ist natürlich eine heikle Angelegenheit. Besonders wenn man das End-*er* auf dem Kieker hat. Aber ganz unlustig muss das Resultat nicht sein: *die Quartisie, die Rabbinsie, die Raffgisie, die Rasiersie*, um nur ein paar warnende Beispiele zu zeigen.

Kurzweil

Fixe sind Dollpunkte für das Gendern. Manche versuchen sich wohl so: *die Schlaubergerin, die Schlaumeierin*. Aber da geht gerade das Männliche verloren. Und ist das nicht schade! Ok, guter Stil ist nicht das Wichtigste.
Zur Sache geht es schon hier: *der Schürzenjäger*. Der ist ja typisch männlich. Und sollte es kein weibliches Pendant geben? Vielleicht noch nicht. Hier *der Kurschatten*, da gibt es gewiss die Schattenwerferin. Den falschen Fuffziger zu gendern, wird wie bei vielen anderen eher vermieden, obwohl es den gewiss auch weiblich gibt. Und hier bitte noch einige für Spezialisten*:
der Krauskopf, der Wirrkopf.
Übrigens etwas komplexer ist die Lage beim Schanker.
Aber auch bei diesen hier sollte man bedenken, worum es geht:
der Abstecher, der Nasenstüber und *das Kanonenfutter*,
das gewiss ein Maskulinum verdient hätte.

Stilblüten

Dass hier eine Fortschreibung der traditionellen Ausklammerung der Frauen aus der Sprache stattfindet.

Die männliche und weibliche Endung eines Wortes wird durch einen Schrägstrich gesplittert:

Ein/e Student/in wird geprüft

Stilblüten

Wöchnerin

Dass dieses Wort nicht von einer männlichen Person abgeleitet sein kann, lehrt uns die Biologie.

Die neuesten sexus-freien Gendertipps vom vierköpfigen

Frau und Mann werden mit den Konjunktionen und, oder, bzw. vollständig genannt.

Die weibliche Genuswahl muss durchgesetzt werden.

Auch gegen Stillaster und Stillästerinnen.

Self assessment (wl)

Kreuze (im Geiste) an.

1 = nie . . . 6 = immer

Sogenannte Stilfehler sind mir egal.

Stil ist doch nur äußerlich.
Auf den Inhalt kommt es an.

Das ist eben ein neuer Stil.
Nicht das Altbackene der Machos.

Unser Ziel ist höher als Stilkram!

Self assessment (ml)

Kreuze (im Geiste) an.

1 = nie . . . 6 = immer

Stil gibt nur Vorschriften, um alles beim Alten zu belassen.

Alte Zöpfe aus römischer Zeit.
Wer bestimmt, was schlecht ist?

Ich finde diesen Stil nicht angemessen.

Wahrheit darf auch im sog. schlechten
Stil gesagt werden.

Wussten Sie schon,

- dass englisch *gender* tatsächlich auch *Genus* heißt?

- dass im ungesteuerten Spracherwerb feminine Artikel maskulinen vorgezogen werden: *Der Koran sagt, eine Mann darf mehr als eine Frau haben.*

- dass in USA jetzt gefährliche Wirbelstürme mit Männervornamen benannt werden? Das hat sich bewährt, weil sie ernster genommen werden?

- dass man in Deutschland keine meteorologischen Wirkungen nachweisen konnte, seit Hochs auch Frauennamen tragen dürfen?

- warum *Mädchen* nicht feminin ist?

- woher Genderer* wissen, wo Frauen mitgemeint sind, obwohl sie gar nicht vorkommen?

3. Sprach Reform

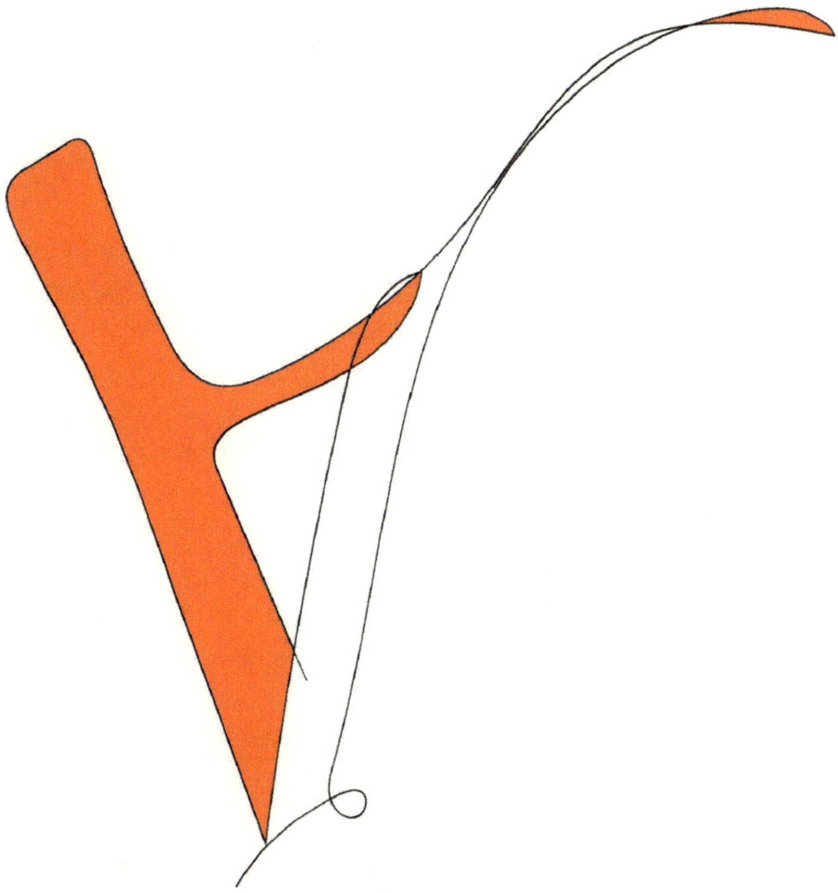

Sprachreform

Als Sprachreform werden unterschiedliche Maßnahmen ausgegeben, die mit einer Änderung einer Sprache oder Änderungen an einer Sprache zu tun haben. In allen Fällen ist wichtig, dass es eine Institution gibt, die Macht hat und Veränderungen (die oft als Verschlimmbesserungen gesehen werden) durchsetzen kann. Viele Sprachreformen sollen vereinheitlichen. So wurde etwa das Rätoromanische aus mehreren Dialekten geschaffen. In Norwegen wurde das Bokmål eingeführt und von der Regierung überwacht. Es war natürlich keine neue Sprache, sondern Leihwerk, ein norwegisiertes Dänisch.
Die offizielle Schreibung war öfter ein Objekt von Reformen, etwa für das Dänische und das Französische. Eine radikale Umstellung setzte Atatürk durch, der in einer Buchstabenrevolution das lateinische Alphabet als Schriftsystem einführte. Die Verrenkungen, die für sowas nötig waren, finden sich auf unterschiedlicher Ebene immer wieder. Und die Reform der deutschen Rechtschreibung von 1996 und der Bohei drumherum ist Ihnen gewiss in Erinnerung.
Was wir aber brauchen, ist eine radikalere Reform von Grund auf. Zwar haben wir nicht die Kraft und die Macht und schon gar nicht die Intelligenz, ein Neues Deutsch zu schaffen. Wir reformieren Deutsch zum gerechten Deutsch. Dazu ist als Grundlage zu schaffen, dass es Sprache geben kann, in der nicht mehr alles Sagbare sagbar ist. Während bisher als grundlegende Eigenschaft gesehen wurde, dass man vielleicht in einer Sprache etwas nicht so gut sagen konnte wie in einer anderen, war immer klar, dass in einer Sprache alles ausdrückbar war.

Das wurde formuliert im Prinzip der Ausdrückbarkeit des Philosophen J. R. Searle: „Alles was gemeint werden kann, kann gesagt werden." Dieses Prinzip ruht auf einer Art Umkehrung. Denn meinen kann man nur, was man ausdrücken kann. Im Unsagbaren ist alles gleich, eine Soße.

Das reformierte GenderDeutsch GD wird so gebaut, dass dieses universale Muster menschlicher Sprache nicht mehr gilt. Alles, was ungerecht ist, kann in GD nicht mehr ausgedrückt werden. Auf Anhieb ist klar, welch ungeheuren Fortschritt das für die Menschheit bedeutet. Wir sagen voller Hoffnung: Die Menschheit, denn wir gehen davon aus, dass es alsbald für andere Sprachen G-Varianten geben wird.

Ziel der Reform ist die Schaffung einer gerechten G-Sprache, auf die alle Sprechenden, Nicht-Sprechenden, Noch-Nicht-Sprechenden, Nicht-Mehr-Sprechenden zu verpflichten sind. In einem grundlegenden ersten Schritt müssen weitere basale, universale Prinzipien festgelegt werden. Dazu werden mit sofortiger Wirkung alle Prinzipien, die in der Männerlinguistik als Mythen denunziert wurden, in Kraft gesetzt.

Als erstes: Sprache ist Übereinkunft.

Bisher haben Frauen an einer solchen Übereinkunft nicht mitwirken dürfen. Oder kennen Sie eine, die dabei war? Außerdem haben Linguisten schützend Mythen geschaffen wie, die Sprache ergäbe sich als unreflektiertes, nicht-intendiertes Ergebnis in der menschlichen Kommunikation, wo spezifische individuelle Ziele und Millionen kleinster Lösungen kumulieren. Das alles habe eine Komplexität, die kein Mensch überblicken oder antizipieren, geschweige denn in rationaler Überlegung vorplanen könne. Damit können wir nichts anfangen.

Auf der Basis des entzauberten Linguisten-Mythos soll zuerst der Duden abgeschafft werden. An seine Stelle tritt ein Zentralrat, der über die Verfasstheit des Deutschen zu entscheiden hat. Der Rat ist sexus-paritätisch besetzt. Vorschläge kann jedes Mitglied einbringen. Über die wird ohne Diskussion abgestimmt. Bei Stimmengleichheit entscheidet die Vorsitzende. Protokoll wird nicht geführt. Die Beschlüsse werden umgehend als verpflichtende, strafbewehrte Empfehlungen umgesetzt.
Zur Zeit wird noch beraten über eine Verhandlungssprache. Es tauchte die Frage auf, ob mit der Nutzung des männerdominierten Deutsch nicht Altes eingeschleppt wird und insbesondere gewisse Verunreinigungen sich unentdeckt fortpflanzen. Dies bleibe kritisch zu überprüfen, wenn wir endlich einen Maßstab außerhalb gefunden und etabliert haben.

Nicht weniger basal eine Zusatzbestimmung zu dem Prinzip:
Wörter stehen für Dinge in der Welt.
Und verallgemeinert: Sprache ist ein Abbild der Welt.
Die Idee lag schon der Geschichte vom alten Adam zugrunde, sie bleibt aber bis heute nur eine Idee, auch wenn sie sich auf die Bibel berufen kann und selbst wenn sie nun auf Eva umgeschrieben ist.
Und leider lässt sich für die meisten Wörter draußen in der Welt nichts finden. Der erste Grundsatzbeschluss wird sein (so hoffen wir):
Jedes Wort hat seine Entsprechung in der Welt.
Jedes neu eingeführte Wort bewirkt die umgehende performative Änderung der Welt. Eben so wie das „Es-werde-Licht!"
Und vor allem: „Es-werde-Gerechtigkeit!"
Das Projekt steckt zur Zeit noch in der Erprobungsphase.

An Universitäten sollen neue Abteilungen gegründet werden, in denen sich diverse Forschende mit Fragen befassen, auf die bisher noch keine befriedigenden Antworten gefunden wurden:

1. Wie kommt es, dass die deutsche Sprache so ist? War sie schon immer so? Wer ist für ihren heutigen Zustand verantwortlich?
2. Wieso sollen weibliche Bezeichnungen für Männer untragbar sein, männliche Bezeichnungen für Frauen jedoch nicht?
3. Welche anderen Bereiche der Sprache – außer den Personenbezeichnungen – sind noch männlich geprägt?
4. Welche psychischen, kognitiven, gesellschaftlichen und politischen Konsequenzen hat es für uns Frauen, dass unsere Muttersprache eine Männersprache ist?
5. Welche psychischen, kognitiven, gesellschaftlichen und politischen Konsequenzen hat es für Männer, dass ihre Muttersprache eine Vatersprache ist?

Das Ziel der Forschung ist letztlich: eine humangerechte Sprache konstruieren.

In unserer radikalen Reform darf kein Stein auf dem anderen bleiben.

Im Detail sind dazu natürlich die verschiedenen Komponenten zu reformieren:

- Wortschatz
- Morphologie
- Grammatik

Wir wenden uns erst dem Wortschatz zu, dessen Reform wohl am leichtesten zu bewältigen sein wird.

Erste Aufräumarbeiten

Mit diesem kleinen Ausschnitt hatten wir in der Kommission keine Probleme.

Bei einigen wäre noch zu überprüfen:

- Was für fortgeschrittene Frauen passen würde.

Kriegsteilnehmerinnen?

Eine Freude war für die Lexikongruppe, dass schon in früheren Zeiten das *-in*-Suffix genutzt wurde.
Damals ging es allerdings darum, die fremden Namen zu tilgen, die für uns immer noch schön und zu erhalten sind.
Aber die Neubildungen sind kreativ und ansprechend, können auf jeden Fall übernommen werden. Sie können gar Vorbild sein für Sprachbewusstheit in früher Zeit.

Innereien **Wer war einst das?** **Oder wer sollte es gewesen sein?**	**die Weidinne** ֍ Diana ֍ Juno ֍ Venus
Himmelinne ֍ Diana ֍ Juno ֍ Venus	**Lustinne** ֍ Venus ֍ Diana ֍ Juno

Die kreativen Neubildungen sind natürlich nicht als Ersatz der guten alten Namen gedacht. Es mögen Varianten im gehobenen Stil und in der Poesie bleiben.

Aus der Lexikon-Abteilung

Nachdem zuerst daran gedacht war, mit Hilfe eines Computerprogramms den *-er*-Wörtern zu Leibe zu rücken, erkannte man schnell, dass dafür – wie überhaupt – viel sprachliche Intelligenz nötig sein würde. Anlass boten Resultate wie: *Couperin, Florentinerin, Glycerin, Nitroglycerin, Pelerin, Cholesterin*.
Manche waren schier unlösbar und mussten auf Verdacht gegendert werden: *Arginin-Asparaginserin, Ausgedingerin*.
Gefährlich waren Wörter wie *Loverin* oder *Benediktinerin*.
Bei einigen wurde überlegt, ob nicht aus Gerechtigkeitsgründen auch Rückbildungen ins Lexikon gehören: *Pellerin* (ja mit den Kartoffeln) und *Marketenderin*. Das wurde aber aus Gründen der historischen Gerechtigkeit zurückgestellt. *Gebärerin* hatte hier Alleinstellungsmerkmal, zumindest im unübertragenen Sinn.

Rätselhaft und irgendwie verdächtig blieben: *Lipovanerin, Mechlerin, Melanoliberin, Nahterin, Zuspringerin, Burgerin*.
Manche gaben auch historische Rätsel auf. Wer war die 48erin?

Quotenlyrikerin wurde der PC geopfert. Ähnlich *Syphilitikerin, Schläferin* und *Rollmopsdreherin*.

Diese und ähnliche Fragen wollte die Arbeitsgruppe nicht unbedingt allein entscheiden. Sie möchten die Bevölkerung einbeziehen und aus ihrer Mitte auch Hinweise auf einzelne problematische Wörter bekommen.
Da sich über die Jahre bestimmte Methoden wie
„XY — ungelöst" bewährt haben, soll auch hier die Bevölkerung auf solchen Wegen einbezogen werden.

Ein erster einfacher Schritt

Bisher wurde ein leichtes Übergewicht (von etwa 3%) der *-mann*-Komposita gegenüber den *-frau*-Komposita festgestellt. Das kann vorläufig als gerecht hingenommen werden. Allerdings müssen wir noch weiter ins Detail gehen. Vor allem sind Komposita zu betrachten und zu bewerten nach ihrem semantischen Gehalt. Da könnte sich durchaus eine Benachteiligung von Frauen zeigen, wenn etwa mehr diskriminierende Bedeutungszüge festgestellt würden. Allerdings muss vorerst eine spezielle Projektgruppe damit befasst werden, was jeweils diskriminierend und was einfach realistisch zu werten ist.

In einem ersten Schritt werden jetzt erst einmal der Einfachheit halber allen *-frau*-Komposita ein *-mann*-Kompositum beigefügt und umgekehrt. Wie weit der Wortschatz damit aufgeschwemmt wird und welche semantischen Folgen die Maßnahme hat, bleibt weiteren Untersuchungen vorbehalten.

Einen ersten Einblick – der schon etwas von der Größe des Projekts zeigt – sehen Sie hier:

Recht problemlos und gerecht, zum Teil auch schon realisiert und den emanzipatorischen Wert zeigend, könnten wir sehen:

Bettelfrau ≈ Bettelmann

Klofrau ≈ Klomann

Fraglich könnte schon sein: Ahnfrau ≈ Ahnmann

Und problematisch in der Rückschau: Eierfrau ≈ Eiermann

Recht zweifelhaft: Hauptfrau ≈ Hauptmann

Und was hier zu tun wäre, bleibt weiterer Analyse vorbehalten:

Arztfrau ≈ Arztmann   Haremsfrau ≈ Haremsmann

Jungfrau ≈ Jungmann

Probleme sehen wir in der Umkehrung: Buhmann ≈ Buhfrau

Aus den Planungsgruppen

Eine Arbeitsgruppe von Linguistik*er*inn*e*n erforscht jetzt im Rahmen eines Dreijahresprojekts die Möglichkeiten und Folgen eines Femaskulinum im G-Deutsch.
In einer Vorstudie wurden männliche Feminina ermittelt wie *Kanaille* oder treffend übertragene wie *Niete* oder *Null*.
Ein Sonderfall sind Übertragungen wie *Flasche* oder auch *Koryphäe*, das vielleicht schon im M-Deutsch weiblich verwendbar ist. Fraglich bleibt, wie mit solchen Wörtern umzugehen sein wird. Sollten Sie im G-Deutsch maskulin werden oder nur noch geschlechtsneutral verwendet werden. Letzteres bedürfte intensiver Diskussion in puncto political correctness, in die allerdings sexusadäquate Wörter wie *Laie* nicht einzubeziehen sind.
Auf die Ergebnisse warten wir mit Spannung.

Eine Freizeitgruppe von Autonärrinnen hat sich zum Ziel gesetzt, Autonamen zu gendern.
Erste Ergebnisse sieht man hier:

- Unproblematische (vorläufig): Caddy, Camry, Hilux, Picanto, Yaris
- Wohlgeformte: Ariya, Astra, Corolla, Corsa, Giulia, Giulietta, Micra, Navara, Supra
- Undurchsichtige (zu prüfen): Arteon, Brera, Ceed, Doblò, Ducato, Fiorino, Mirai, Mito, Mokka, Niro, Nismo, Stelvio
- Abzulehnende: Adam, Duster, Highlander, Proace

Eine Untergruppierung der Närrinnen befasst sich jetzt auch mit den Anhängern*.

Steckbrief

Zur Fahndung ausgeschrieben:

- Wörter, die unangemessene Assoziationen wecken könnten. Zum Beispiel: *Flüchtling, Herd.*
- Ausdrücke, die zweideutig oder unanständig klingen wie etwa *Weibervolk, Hottentottin.*
- Verwirrende oder diskriminierende Bildungen wie *weiße alte Männer, Ritterin von der traurigen Gestalt.*
- Missverständliche (*Kritiker* statt *Kritisierende*) und unregelmäßige Bildungen wie *Arzt_in* sowie jene mit zu wenig Silben wie *man* oder *kein.*
- Wörter, die einen Gegenstand oder Begriff ausdrücken, der sich im Laufe der Zeit geändert hat, so wie *Genus.*
- Wörter mit schlimmer Vergangenheit wie *BDM, Kohldampf.*

Was ginge hier grad noch?

Muslima	☐	Pygmäe	☐
Bastard	☐	faschistoid	☐
Kanakin	☐	Mischehe	☐
Roma	☐	Romni	☐

Der Abteilung Grammatik wurden wie üblich auch morphologische Fragestellungen zugeordnet. Eine erste Fragestellung betraf Pronomen.

Das Pronomen *wer* war ein harter Brocken. Schon unsere linguistische Beraterin tat sich schwer und meinte, das ganze Paradigma (was immer das ist) sei in verschiedener Hinsicht defektiv. Wir meinten, sie meinte, die beiden hätten keinen Plural und es fehlte ein Femininum. Daran hatten wir schwer zu kauen. Zuerst diskutierten wir, wonach man denn mit einer *wie*-Frage fragen würde. Also nicht die eigentliche existierende *wie*-Frage, sondern eben die neue mit dem neuen Pronomen. Große Bedenken gab es schon mal bezüglich der Kollision der beiden *wie*. Dann aber auch: Wenn man mit *wie?* nach einer weiblichen Person fragt, dann natürlich mit *wer?* nach einer männlichen Person? Wie fragt man aber, wenn man den Sexus gar nicht kennt? Für die Füllung der Lücke gab es keine plausible Lösung. Formen wie *war?*, *wur?* wurden aus plausiblen Gründen verworfen. Als absurd wurde auf jeden Fall festgehalten, mit *wer?* würde nur nach Männern gefragt. Das ergäbe dann lustige Sachen wie: „Wer von Ihnen ist schwanger?" (Ich schon! Mit oder von oder vor Gedanken.)

Was den Plural betrifft, meinte die Mehrheit, dass auf *wer?* schon auch mit mehreren geantwortet werden könnte und somit unsere Beraterin wohl doch nicht so gut beraten war.

Außerdem hat man festgestellt, dass *wer?* nur insofern mask. sei als es mit eher mask. Pronomen wieder aufgenommen wird. Im Übrigen wurde damit klar, dass bei fast allen Nomen die Sexusträchtigkeit erst durch Genusanzeiger in der Umgebung ans Licht kommt.

Das wird die Abteilung weiter beschäftigen.

Zu den kleinen sexusträchtigen Wörtern gehören nach unserer Meinung auch die Personalpronomen. Sie dienen der Wiederaufnahme von Nominalgruppen im Text, werden aber auch grammatisch und personbezogen genutzt und etwa zum Sprachlernen verwendet, um sich die passende Verbform einzuprägen.
Hier also die Häufigkeit, mit der unsere drei im Deutschen vorkommen.

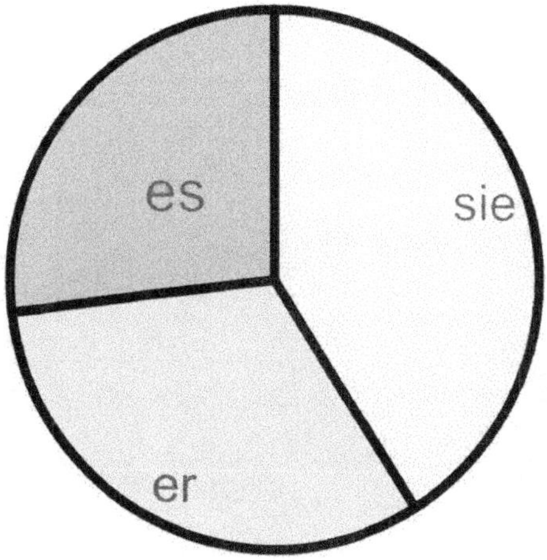

Das hat uns erst einmal geschockt. Und wir haben uns als Sexusorientierte gefragt: Wie kommt das?
Aber gestandene Grammatiker* haben uns schnell aufgeklärt:
In dem *sie* steckt auch der Pural und er gilt ja wohl für alle.
Na, da blieben für uns als erfahrene Sexisten* doch einige Zweifel. Vor allem die Erfahrung, die wir über Jahrhunderte nur mitgemeint wurden, ließ in uns etwas aufkeimen.
Gemeinsam beschlossen wir, das Schicksal von Männern, die hier ebensolang nur mitgemeint waren, nicht weiter zu erforschen.

Dennoch nagte dieses Ergebnis und wir wollten wenigstens für uns mehr Gewissheit haben über die sprachliche Diskriminierung von Männern über die Jahrhunderte. Dies allein aus Gründen der Gerechtigkeit.
So nahmen wir uns die weiteren Kurzwörter vor, die bekanntlich Hauptzuständige sind für das Verhältnis von Genus und Sexus: die Artikelwörter.
Auch hier gingen wir wieder streng empirisch vor und erhoben die Anteile ihrer Verwendung. Das Ergebnis war schockierend. Selbst für uns.

Artikelwörter: Frequenz

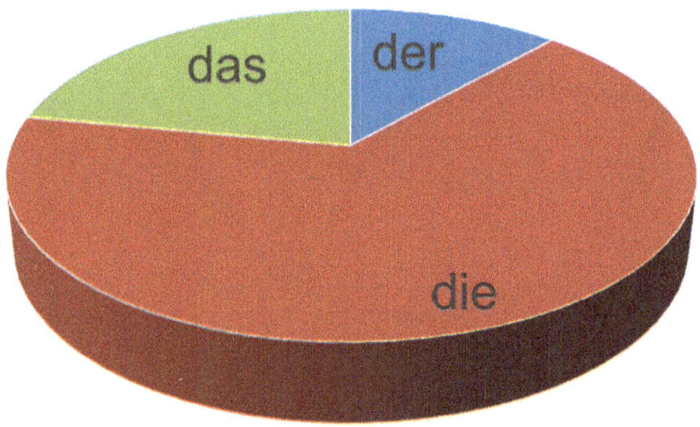

Ja, und selbst wenn es in diesem Fall nur um den diffusen Plural ging, wo jedoch Männer in jedem Fall nur mitgemeint sind, bleibt es einfach ein Rätsel, mit welchen subversiven Machtmitteln den Frauen diese Dominanz gelungen ist. Aber rätselhaft blieb auch, obwohl Männer über Jahrhunderte darunter gelitten haben, warum männliche Linguisten all dies unter den Teppich gekehrt haben. Den Frauen zuliebe?

Ausriss

Schon der Urmutter war klar, dass gendernde Langformen auf die Dauer langweilen und der Sache nicht dienlich sind.

„Eine der wichtigsten Konsequenzen einer Reform sehe ich darin, das wir Frauen uns die Bausteine der Wortbildung (zurück)erobern."

Die Verwendung von ausschließlich männlichen Formen stellt eine Diskriminierung dar.

Empfohlen: Schrägstrich

Männliche und weibliche Endung eines Wortes mit Schrägstrich:

- Ein/e Student/in wird geprüft.
- Der/die Professor/in ist beliebt.

ACHTUNG: Es muss ein grammatisch korrektes Wort entstehen.

Der Gender Gap kann auch mit Sternchen * erfüllt werden

- ein*e gut ausgebildete*r Jurist*in ist gefragt

Und dazu die entsprechende Sprungtechnik!

Hierfür wird ewig gekämpft im G-Deutschen. Schon bei der Slasherei zeigte sich, dass die Linearität natürlicher Sprachen sich als eine Art Schikane auswirkte. Man musste eine Sprungtechnik entwickeln, mit der es Geübten gelingt, in perfekt gegenderten Nominalgruppen über gewisse Leseschwierigkeiten elegant zu hüpfen. Zwar gehört es im Prinzip zum Lesen, dass einem linearen Text linear gefolgt wird. Aber Willige und Höherem Verpflichtete nehmen die geringen Verzögerungen gern in Kauf.

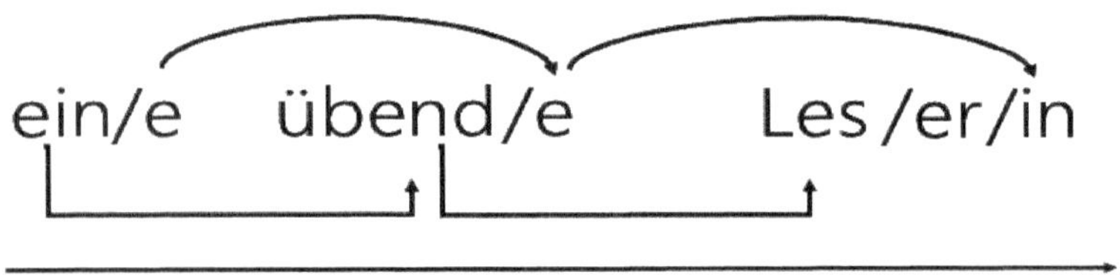

Eine erste Frage war für uns, ob mit dem Sternen das Hüpfen vermeidbar wäre. Mit der sanften Version des Sternens hatte die gerechte Sprache schon große Fortschritte gemacht. Vielleicht weil sogar Antigenderer sich damit anfreunden könnten.

Ein Einwand der Grammatikgruppe war: Das hätte eine unliebsame Konsequenz, weil im Plural oft der scheinbare maskuline Kern grammatisch nicht korrekt bedient wird. Echt konsequenten Sterner_innen kam seinerzeit schon die Idee, mit einem Minuszeichen (und das wird der Eindeutigkeit, auch negativer Assoziationen halber durch Unterstrich dargestellt) zu zeigen, dass beim männlich-maskulinen Kern grammatisch etwas fehlt. Andere Sternsetzer sind der Meinung, dass die gesamte grammatische Komplikation zu vermeiden wäre durch einen default-* – den es ja in der Computerei sowieso schon gibt –, mit dem Rezipienten gezeigt bekommen, dass sie im Geiste passende grammatische Korrekturen vollziehen mögen.

Eine gewisse Besserung könnte das Sternen auf jeden Fall bringen, wenngleich die bisherige Verwendung noch nicht optimal ist. Der Stern könnte einfach ohne Berücksichtigung des Sinnes allen Personenbezeichnungen angehängt werden, um zu zeigen, dass die Kommunizierenden* sich der Tatsache bewusst sind, dass es mehrere Sexus gibt. Eine solche Art des Sternens hätte gegenüber bestehenden Verfahren mehrere Vorteile:

- Es entgeht Schwierigkeiten mit der sperrigen deutschen Grammatik.
- Es hemmt weniger den Lesefluss als klassische Methoden.
- Es ist offen für eine künftige Erweiterung des bi-Sexus.

Methodisch sind noch einige Fragen offen:

- Muss man in einer Nominalgruppe mehrere Sterne setzen oder würde jeweils einer genügen. Also jeder* Gegner* oder jeder Gegner*?
- Soll der Stern an den Kern der Gruppe, meistens das Nomen, gesetzt werden oder ans erste Wort (was wohl dem Lesefluss zugute käme, weniger wohl *dem Schreiber?).

Ganz futuristisch wäre die Idee, nicht in jeder einschlägigen Nominalgruppe den Stern zu zeigen, sondern vielleicht einen am Anfang des Textes.

Zugegeben, es kann schwierig werden für jede*n einzelne*n Schreiber*in.

Es wäre im Sinn der Sache, wenn all diese Fragen

- nicht ideologisch entschieden würden,
- in Bälde mit verlässlichen empirischen Daten untermauert würden,
- ein Konzept für die Einführung entwickelt und demokratisch, nicht per Dekret, etabliert würde.

Da all dies Musik ferner Zukunft ist, müssen wir auch an die nächste Zukunft denken. Fürs Erste ist dazu nötig, eine neue Lesetechnik zu entwickeln, eben die angedeutete Sprungtechnik. Hierzu gehört etwa, alle Sternsetzungen einfach überspringen und sich das Richtige hinzuzudenken. Diese Technik gehörte schon in den Erstleseunterricht und wird vorübergehend ins Grundschulcurriculum übernommen.
Ein brandneuer Gedanke ist, von der Linearität natürlicher Sprachen wegzukommen. Wenigstens an bestimmten Stellen. In diversen Kulturen gibt es Fugalsprecher*innen, die gleichzeitig zwei Gespräche führen können. Nicht das Gleiche doppelt sagen, sondern tatsächlich zwei unterschiedliche, so wie es Bach in der Kunst der Fuge realisiert hat. Eine Übergangslösung könnte hier eine Partiturschreibweise sein wie etwa hier:
. . . variiert nach Alter des Fahrers und Versicherungsnehmers.
der Fahrerin   Versicherungsnehmerin.
Natürlich wären auch hier die entsprechenden Lehrverfahren schon im Erstleseunterricht anzuwenden.
Für die Herstellung solcher Texte können wir einen einfachen Algorithmus entwickeln und eine entsprechende HTML- oder XML-Schreibweise:
Die Beiträge variieren je nach Alter <dopp>des Autofahrers/der -erin</dopp> und <dopp>Versicherungsnehmers/erin</dopp>.
Noch kürzer ging es, wenn man die Regel in den Algorithmus einbauen würde:
Die Beiträge variieren je nach Alter <dopp>des Autofahrers</dopp> und <dopp>Versicherungsnehmers</dopp>.

Diese Lösung erschiene als die humanste, weil die entsprechende Verstehensfähigkeit über Jahrhunderte mental hinterlegt ist.

Bisher unbemerkt geblieben ist eine grammatische Benachteiligung von Frauen, die darin besteht, dass die abkürzende Verschmelzung bei Präposition und Artikel bei femininen Nomen und also auch Personenbezeichnungen nicht so gut funktioniert. Also:

Wir bleiben beim Ernst.
Wir bleiben bei der Erna.

Dialekte sind da zum Teil schon weiter und können als Vorbild für die reformierte Standardsprache genommen werden. Also

Ich komm vom Emil.
Ich komm vonner Erna.

Das ist zwar immer noch etwas länger, macht aber damit die Fraulichkeit sichtbarer.

Die Abteilung Grammatik ist mit harter Arbeit eingedeckt. Nicht umsonst gilt Grammatik als hart und widerborstig.

In unseren Regulierungsvorgaben hieß es zum Beispiel: Institutionen, die einen weiblichen Artikel haben, sollten grammatikalisch korrekt behandelt werden. Also mussten auch Institutionen wie die Kirche als Arbeitgeberin bezeichnet werden und eine Stadt als Herausgeberin eines Leitfadens für G-Deutsch. Entsprechend war natürlich der Landkreis Herausgeber. Das war mit einer einschlägigen Regel gut zu lösen.

In der Zwickmühle befand sich einst das Institut für Deutsche Sprache. Wenn es Werke herausgab, was war es dann?

Aus meinem Leben

In den 90er Jahren des letzten Jahrhunderts wurden Offiziere des „Darmstädter Signals“ disziplinarisch verfolgt und schwer bestraft. Sie hatten sich gegen eine Urteilsschelte gewandt. Es ging um das sog. Soldatenurteil, in dem der Teilnehmer an einer öffentlichen Diskussion gesagt hatte: „Alle Soldaten sind Mörder.“ Er wurde auf Basis der Meinungsfreiheit freigesprochen.
Die Offiziere hatten im Flugblatt diesen Freispruch begrüßt und geschrieben, sie hielten „die Aussage „alle Soldaten sind potentielle Mörder“ inhaltlich für richtig“. Sie wandten sich gegen die neue NATO-Doktrin, die Soldaten „zum massenhaften unterschiedslosen Töten zwingt.“

Die Urteilsbegründung ruhte auf der Idee, hiermit seien die Soldaten der Bundeswehr beleidigt worden. Dazu muss man wissen, dass nach dem Gesetz nur einzelne Personen beleidigt werden können.
Damit haben wir ein Lehrstück für G-Deutsch. Ein nicht gerade unbekannter Vorschlag: Um das sexusbelastete Jeder zu vermeiden, könne man auch *alle* sagen.

In meinem Gutachten damals habe ich den Unterschied von *alle* und *jed-* dargelegt, der im wesentlichen darin besteht, dass *jed-* eine distributive Bedeutung hat, dass also damit jed* Einzelne* gemeint werden kann. *Alle* hingegen dient dazu, eben global und unterschiedslos über alle zu reden.
Warum ich das hier anführe?
So haben wir mit einer Klappe noch eine Fliege erschlagen: Beleidigen ginge noch schwerer.

Modell und Ideal: Frauensprache

Hedging
Frauen benutzen häufiger Formen der Verniedlichung als Männer. Solche Abschwächungen finden Ihren Ausdruck in Formulierungen wie „Es scheint, dass . . .“, „Ich würde sagen, dass . . ., „Ist es nicht so, dass . . .?“ und in der Schlusswendung „nicht wahr?“

Themen
Frauen überlassen es gerne dem Gesprächspartner, ob ein Gesprächsfaden aufgenommen wird oder nicht. Darum werden Themen, die von Männern eingeführt werden, mehr Bestand haben. Sie werden häufig von den Frauen aufgegriffen und ausgebaut, hingegen . . .

Schimpfen
Frauen benutzen weit weniger Vulgärausdrücke als Männer. Sie fluchen seltener und verwenden dazu harmlosere Ausdrücke.

Elaboriert
Frauen haben einen anderen Wortschatz. In den Bereichen, die traditionell zu ihren Aufgaben gehören, aber auch Mode, sind ihre Ausdrücke präziser als die der Männer.

Unterbrechen
Frauen lassen sich häufiger als Männer unterbrechen, schweigen häufiger und länger, kleiden ihre Aussagen vielfach in Fragen.

Empathie
Frauen gehen häufiger als Männer auf die Argumente des Gesprächspartners ein.

Geschlechtergerechtigkeit

Heinrich Heine

Das Männlein stand am Meere
Und seufzte lang und bang,
Es rührte ihn so sehre
Der Sonnenuntergang.

Mein Männlein! Sein Sie munter,
Das ist ein altes Stück;
Hier vorne geht sie/er unter
Und kehrt von hinten zurück.
(1844)

Hoffmann von Fallersleben

Ein Fräulein steht im Walde
ganz still und stumm;
es hat von lauter Purpur ein Mäntlein um.
Sagt, wer mag das Fräulein sein,
das da steht im Wald allein
mit dem purpurroten Mäntelein?
(1843)

Neues aus der Forschung

Einige Pionierinnen sind einer versteckten weiblichen Diskriminierung auf die Spur gekommen. In Redewiedergaben in Printmedien ist es üblich, Frauen als Tiere zu framen. Da findet sich dann:

. . . zischte Liza Maurer . . . . die Schlange

. . . meckerte seine Frau . . . . die Ziege

Nach kurzer Zeit wurde ihr Projekt aber vorerst eingestellt. In einer sexusgerechten Ausweitung kam heraus, dass durchaus auch üblich ist:

. . . brummte Edgar . . . . der Bär

. . . bellte der Polizist . . . . der Hund

Natürlich ist daran gedacht, wenn dann G-Deutsch eines Tages noch reiner sein wird, auch hiergegen vorzugehen.

Zum Schmunzeln?				
Um wen geht's hier?				
. . . blökt		sie	er	uni
. . . brüllt		sie	er	uni
. . . faucht		er	uni	sie
. . . gackert		uni	sie	er
. . . grunzt		er	uni	sie
. . . heult		sie	er	uni
. . . knurrt		sie	er	uni
. . . kräht		er	uni	sie
. . . meckert		sie	er	uni
. . . quäkt		sie	er	uni
. . . röhrt		er	uni	sie
. . . schnattert		sie	er	uni
. . . wiehert		sie	er	uni

Mitmachen!

In Redensarten, Idiomen und Aphorismen steckt viel Geschichte. Sog. Manndiome entwerfen ein Bild des Mannes. „Ein Mann, ein Wort" und „Selbst ist der Mann". Aber jeder muss auch seinen Mann stehen, wird so vielleicht ein Mann von Welt oder ein kleiner Mann im Ohr.
Und Frauen gehören an den Mann gebracht. Eigentlich erstaunlich, da sie doch in dieser Geschichte so schlecht wegkommen. Von Männern entstellt aus Gründen der Eifersucht? Um die anderen von der Ihrigen abzuhalten?
In Planung sind jetzt sexuell invertierte.

Der Frauen Sinn
Ist ihr Gewinn.
Eine Frau soll immer mehr wollen, als sie leisten kann.

Das Ergebnis ist nicht immer rein.

Ist keine Frau so kleine,
Sie hat der Teufelsadern eine.
Was die Frau kann,
Zeigt ihre Rede an.
Nur Frau mit Bart ist wahrhaft eine Frau.
Die moderne Frau denkt immer nur an das Eine.

Und hier können Sie noch mitstimmen.
Über ihre Behandlung herrscht noch Unklarheit.

Gedankenstriche sind Dienst an der Leserin.
Die Lebensgefährtin eine Lebensgefahr?
Hat sie einen Wunsch,
Zieht er eine Flunsch.

Und weiter:

Nur die hat Macht,
Die sie verlacht.
Bei dem Aroma fäll sie gleich ins Koma.
Alles zu ihrer Zeit!
Sie fiel mit ihrem Tor ins Haus.
Sind Gemächt und Bemächtigung verwandt?
Haben Frauen auch ein Es?
Ja, das andersdenkende Geschlecht.

Auch Gedichte sind willkommen.

Pegasa und Pegasus
Gaben sich den ersten Kuss.
Vereinigt lebten sie sodann.
Sie nahm auch seinen Namen an.
Sie hat ihn leicht verändert.
Alles versext und wohlgegendert.

Zuschriften an den Verlag unter: Idiome reformiert

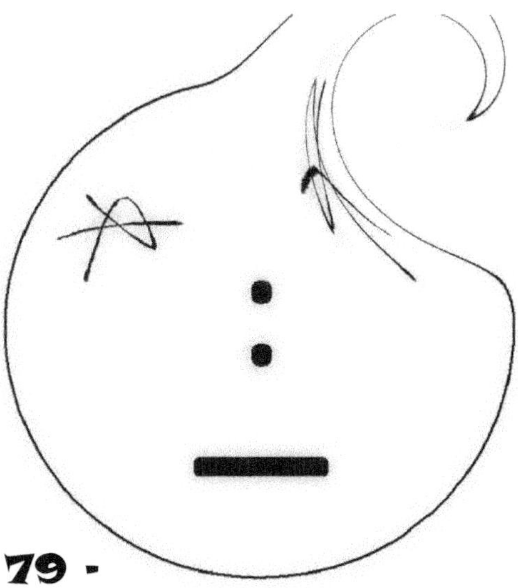

Zukunft

- Alle öffentlichen Denkmäler, Gebäude und Münzen sollen gerechte Aufschriften tragen.
- Ortsnamen sowie deutsche Titel für Beamte und Behörden sollen gegendert werden.
- Die Post soll sexistisch adressierte Briefe nicht annehmen, unter keinen Umständen befördern.
- Ausländische Zeitungen und Zeitschriften sollen nur in gegenderter Form zugelassen werden.
- Schriftsteller, die nicht gendern, werden probeweise mit einer Geldbuße bestraft.

  Mindeststrafe 3 Puschis.

Ein linguistisches Rätsel

Lehrer = mask = ml
Lehrer_in = fem = ml + x = wl
oder
Lehrer_in = fem = ml - x = wl
Was ist x?

Glaubensbekenntnis

Ich werde alle Sexismen sogleich und immer im Denken, beim Lesen, Sprechen und Schreiben ersetzen.

Ich ächte deutsche Wörter, die Sexus nicht eindeutig erkennen lassen.

Ich will alle Anderen zu gleichen Strebungen ermutigen.

Ich beweise durch Wort und Schrift, dass ich ungerechte Sprache nicht vonnöten habe.

Ich kämpfe, wo sich Gelegenheit darbietet, mit Eifer und ohne Gründe gegen Sexus.

Ich gestatte keinem generisch zu verstehenden Wort das Lebensrecht.

Ich nehme keine Rücksicht auf solche, die noch in der Mischsprache befangen sind.

Ich werde reformierte Sprache in ihrem Wesen, ihrer Schönheit, in Entfaltung und Entwicklung immer hochschätzen.

Ich werde im Vergleich der alten und der reformierten Sprache diese auf immer reicher, mannigfaltiger, bildsamer und biegsamer finden.

Ich nutze ihren Reichtum zur Schaffung und Hervorbringung neuer gerechter Wörter und sprachartiger Gebilde.

Ich suche das, was Männer über Jahrhunderte verunstaltetet und entstellt haben, im reinen Zustande herzustellen.

Ich bilde aus den Wurzeln neue Sprösslinge und Zusammensetzungen, selbst wenn sie als ungrammatisch deklariert werden.

Es schlummern Hunderttausende GD-Wörter im Schoße unserer Muttersprache. Sie warten auf die, die sie ins Leben einführt.
Ich forsche danach!

Self assessment (ml)

Kreuze (im Geiste) an.

1 = nie . . . 6 = immer

Ja, der ganze alte Kram muss weg.

Mit der radikalen Reform schaffen wir eine bessere Welt.

Vor allem die Grammatik muss biegsamer werden.

Genus sollten wir ganz abschaffen.

Unser Vorbild: Atatürk!

Self assessment (wl)

Kreuze (im Geiste) an.

1 = nie . . . 6 = immer

Es bleibt noch viel Schutt wegzuräumen.

Wir werden alle Widerstände überwinden.

Um Einwände sollten wir uns erst mal nicht kümmern.

Alles braucht seine Zeit!

Fürs Poesiealbum

Suchen Sie selbst aus.

Es ist eine Frage von Respekt, mittels Sprache all diejenigen einzuschließen, die mitgemeint sind oder sein könnten.

Geschlechtersensible Sprache kann maßgeblich zu einer Veränderung des bestehenden Geschlechterverhältnisses beitragen.

Geschlechtersensible Sprache ist präzise, verständlich und durch die vielfältigen und differenzierten Möglichkeiten der Formulierung auch abwechslungsreich.

Respekt und Wertschätzung füreinander kommen auch in unserer Sprache zum Ausdruck.

4. Sprach Kritik

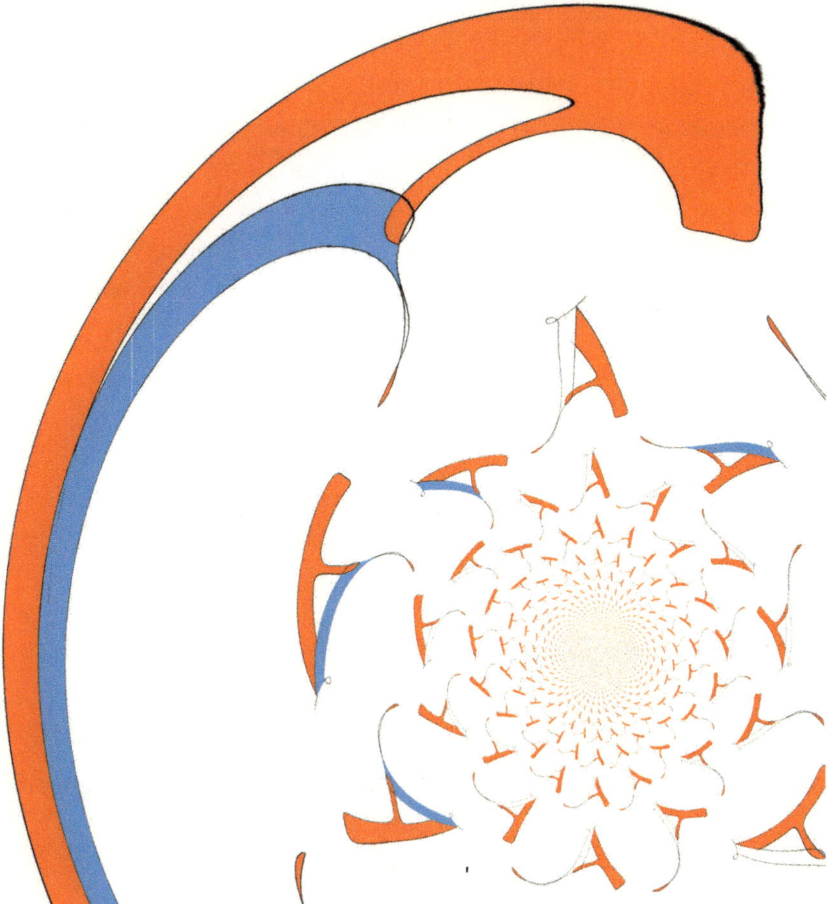

Sprachkritik

Vor vielen Jahren habe ich einen Aufsatz zur Sprachkritik so begonnen:
Sprachkritik kann in dreifachem Sinn verstanden werden: Erstens in einem allgemein philosophischen Sinn als Auseinandersetzung und Kritik der Sprechfähigkeit des Menschen überhaupt (langage) und der Folgen, die sich daraus für ihn, sein Denken und sein Weltverständnis ergeben. Ein zweiter Sinn ist dem Wort *Sprachkritik* als Betrachtung und Kritik der Sprache einer Sprachgemeinschaft gegeben, also mit Bezug auf eine Einzelsprache, eine langue. Der dritte Sinn ist die Kritik der Sprache eines Einzelnen und deren Messung an der gewordenen Norm der langue. Insofern setzt sie natürlich eine gute Kenntnis der langue voraus. Diese Art von Sprachkritik, Kritik der aktualen Rede also, kennen wir auch unter dem Namen Stilkritik.
Hier geht es um Sprachkritik im dritten Sinn, wenngleich die Kritisierten das öfter etwas anders sehen. Vielleicht weil sie den Unterschied nicht kennen, vielleicht weil sie sich einbilden, sie könnten mehr?
Eine Grundüberzeugung über die Natur der Sprache, eine verbreitete Sprachauffassung ist hierbei die Abbildtheorie, jene Theorie, nach der die Wörter für Gegenstände der Welt stehen, die Sprache eine vorgegebene Wirklichkeit abbildet. So seien Wörter dazu da, Dinge zu bezeichnen. Tun sie das nicht oder nicht mehr oder nicht korrekt, werden sie furchtbar. Allerdings, bleibt die Frage nach dem Maßstab der Korrektheit. Die Wirklichkeit spricht ja nicht. Oder eben viele Sprachen? Hier Chinesisch, da Deutsch, dort Tok Pisin. Und Äpfel mit Birnen vergleichen?

Für die Kritik des Sprechens anderer braucht man außerdem dann noch etwas mehr. Für mich als Anhänger der Abbildtheorie stünde die Realität ja fest. Und für andere nicht? Was wenn mein Gegenüber anderer Meinung ist als ich? Ja klar, es irrt sich eben, weiß nichts, lügt gar und so weiter.
Misstrauen gegen die Verwendung der Sprache braucht keinen Standpunkt außerhalb. Die Möglichkeit, das Sprechen zu kritisieren und sogar der Sprache zu misstrauen, ist in der Sprache angelegt. Diese Möglichkeiten der Kritik, die in unserer Sprache angelegt sind, machen vor nichts halt. Sie nehmen niemanden aus, keinen Gegenstand, nicht einmal die Kritik selbst.
Sprachkritik ist universal, wie die Sprache universal ist. Sie kommt zu keinem Ende. Letztendlich ist sie unser ein und alles.

Darum ist Sprachkritik auch ein Mittel der Gegenwehr. Jene, die Sprache im dritten Sinn kritisieren, sind von der Kritik nicht ausgenommen. Und da brauchen wir – wie in jeder Bewertung – eine Basis. Eine begründbare und begründete Basis ist die Freiheit der Rede: Jedes Individuum darf alles sagen, was es sagen will – es muss nur die Konsequenzen seines Tuns erfahren, auch ertragen und auch mal für sie grade stehen.
Aus dieser Basis folgt mancherlei. Erst einmal, dass es niemanden gibt, der mir vorschreiben darf, wie ich reden soll, was ich sagen und wie ich reden darf. Ich darf beleidigen und bekomme die Konsequenzen zu spüren. Werde im nicht so häufigen Extremfall vielleicht sogar bestraft. Dieser Eingriff in die Redefreiheit müsste sich aber auf ein höheres Prinzip stützen. Dafür wird in diesem Fall schon mal die Menschenwürde angeführt.
Da wäre aber etwas Argumentation schon vonnöten.

Die Idee, Sprache könne von irgendjemand geändert, gar in die Reihe gebracht werden, ist verbreitet. Ihre Basis ist der Mythos, Sprache sei beherrschbar.
Das scheint aber eher eine metaphorische Falle, die sich herleitet von der Redeweise, dass jemand eine beherrscht. So wie der gängige metaphorische Gebrauch von *beherrschen*, der heutzutage vorherrscht: Jemand beherrscht sein Handwerk, Schlagzeilen beherrschen die Medien. Er ist zum eigentlichen Gebrauch geworden.
Wir sollten aber von der individuellen Sprachbeherrschung nicht springen zur Sprache allgemein, zur deutschen Sprache. Da wäre eine tiefe Kluft zu überspringen.
Ich mache mir die deutsche Sprache zunutze um meine Sätze zu formulieren. Von einem Beherrschen oder einem Einfluss auf das Deutsche kann da nicht die Rede sein. Wer maßt sich das an?

Wer glaubt, er könne etwas ändern am Deutschen, verfällt einem Fehlschluss – und vielleicht in die tiefe Kluft? Im Grunde ist es so, dass die deutsche Sprache mich beherrscht, nicht ich sie. Indem ich sie nutze, bin ich ihr auch ausgeliefert. Ich kann nicht mehr sagen, als sie mir gestattet.

Sie ist allerdings kein Gefängnis, weil mir in der Rede, in realer Kommunikation auch mehr gelingen kann, weil leichte Abweichungen und Metaphorik verstanden werden.
Schon Größe und Unüberschaubarkeit der Sprache machen es unmöglich, dass Einzelne hier etwas ändern könnten.
Ich verwende sie. Sie ist das Mittel, mich mitzuteilen.

Der Mythos, Sprache sei ein Abbild der Welt, wurde schon früh nicht mehr ganz ernst genommen. In Jonathan Swifts Akademie von Lagardo wird nur noch mit Dingen kommuniziert. Die Profs laufen da mit großen Kommunikationssäcken rum.

Man hatte dann die Idee, dass den Wörtern eigentlich Vorstellungen entsprechen, die man ja viel leichter mit sich tragen konnte.

Nur, wieso könnten Menschen gleiche Vorstellungen haben? Und wie würde man das feststellen?

Neuerdings konnte man somit auch Psychologen* beauftragen, zu ermitteln, welche Vorstellungen Probanden* auf maskuline Nomina als Stimulus in der Wolke produzieren.

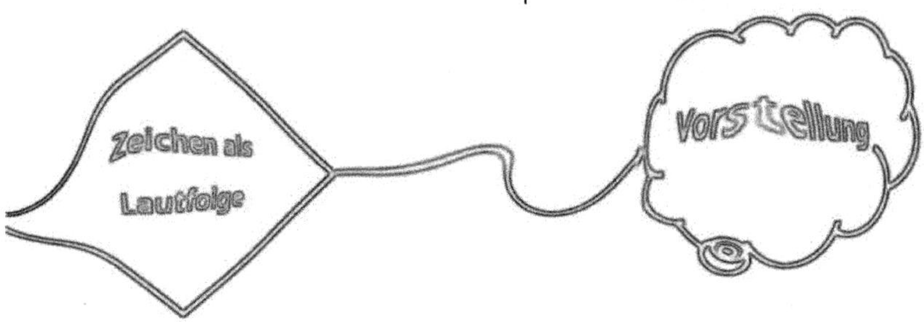

Nun konnte das so eindeutig nicht werden. Denn tatsächlich kommen Menschen viele Reaktionen auf ein Stimuluswort. Da mussten die oben dann passend auswählen, um zum Beweis zu kommen. Und sie lieferten.
Ein gewisses Problem blieb, dass aus der Wolke wieder Wörter kamen und dass das Ganze individuell blieb.

Mir ist zum Beispiel zu *Luder* eingefallen (in Reihenfolge):
Mistvieh . . . Schlampe . . . Zicke . . . Biest . . . Aas . . .

Ich bitte um Verzeihung.

Lieber Rainer,

Heute am Morgen des 1. Januar zweitausendzweiundzwanzig lese ich im Bett deinen Artikel, in dem du dich sanft mit sanfter Genderei befasst. Ich lese vor allem das, was da nicht drinsteht. Es fällt mir nicht ganz leicht, das zu lesen. Natürlich nicht wegen deiner Schreibe, sondern weil mein Kopf noch nicht so ganz marschiert.
Weil ich gerade an einer Sprachbucheinheit arbeite zum Thema, erscheint mir anregend, was du schreibst und was ich meine, zu vergleichen. Das hat ja dann auch etwas zu tun mit der Umsetzung der Sprachkritik, die du in deinem letzten Brief angetippt hast.
Zu deinem Artikel fallen mir erstmal zwei Adjektive ein: zu spät und zu kurz.
Zu spät ist wohl das Schicksal der Sprachkritik. Wir sehen das an unserem Briefwechsel. Wir sehen es oder ich sehe es daran, dass ich gedacht habe, ich analysiere demnächst mal „Gerechtigkeit“ und, wie das Wort hier gebraucht wird. Und dann? Irgendwie vergeht der aktuelle Anlass so schnell. Vor allem, wenn man noch etwas untersuchen muss. Ist Sprachkritik etwas für die Ewigkeit oder sind wir zu langsam oder was?

Nun, bei deinem Artikel hätte ich mir gedacht, er müsste doch in die politische Diskussion eingreifen, ich meine, in die Diskussion eingreifen, so lange sie heiß ist. Sonst bleibt für uns immer die Frage: Wer hört uns denn?
In meiner Sprachbucheinheit versuche ich eine Wanderung zwischen zwei Tälern, nämlich einerseits soll man erst mal verstehen, was solche Redeweisen bedeuten, wie und warum sie verwendet werden, beobachtend, analysierend, verstehend. Andrerseits, die kritische Haltung dazu, die Mechanik, die Ideologie erkennen.
Im letzten Absatz redest du Klartext und lässt die normative Katze aus dem Sack: „Haben die Angesprochenen nicht auch ein Recht auf Klarheit?" Sagst du! Aber wollen sie das wirklich? Sie spielen doch mit. Solcher Art Kritik bekommt keine große Öffentlichkeit – und keiner bekommt Klarheit?
Ja, Klarheit, es bräuchte viel Zeit, dies zu zeigen, so zu zeigen, dass es auch für Schüler verständlich würde. Aber grad ist mein Kopf nicht so, wie er sein müsste, wenngleich die Salsa mich beschwingt und ich am liebsten im Rhythmus schreiben würde.
Schönes neues Jahr
von Herzen Hans

Trainingsmaterial für Sprachkritik mit didaktischen Hinweisen

Das generische Maskulinum ist ein männliches Nomen.

> Der Meister spricht:
> Wer glaubt sowas?

Beim generischen Maskulinum handelt es sich um die Verwendung des maskulinen Genus für die Nennung gemischtgeschlechtlicher Gruppen.

> Der Meister spricht:
> Wieso Gruppen?

Beispiele für ein generisches Maskulin sind Begriffe wie Arzt, Lehrer oder Schüler.

> Der Meister spricht:
> Ja, ja! Wörter oder Begriffe?

Nutzet geschlechtsneutrale Begriffe:
„Das Seminar leitet . . .“ statt
„Seminarleiter ist . . .“

> Der Meister spricht:
> Warum? Weils ein Mann ist?

Außerdem können Begriffe substantiviert werden. Zum Beispiel „die Teilnehmenden“, „die Beschäftigten“.

> Der Meister spricht:
> Das mit den Begriffen hatten wir schon!

Sollte die männliche Endung mit dem Einfügen des Sterns keinen Sinn mehr ergeben, fällt sie weg.
„Expert*in" statt „Experte*in".

> Der Meister spricht:
> Sehr gerecht!
> Einfach verschwinden lassen.

Die genuine Existenzform der Frau ist das Femininum.

> Der Meister spricht:
> Täte ihr bestimmt nicht gut!

Das Sichtbarmachen des Geschlechts kann durch die Artikel erfolgen.

> Der Meister spricht:
> Sanfter Porno?
> Doch hätte man da die Wahl?

Das generische Maskulinum bezieht sich auf Personen
mit unbekanntem Geschlecht,
bei denen das Geschlecht nicht relevant ist
oder mit dem männliche wie weibliche Personen
gemeint sein sollen.

> Der Meister spricht:
> Ja, was sind jetzt das für welche!

> Der Meister spricht:
> Und gar nicht gemeint sind?

Aus der sprachkritischen Enzyklopädie

Das Nomen *Etymogeleier* wird in zwei Bedeutungen verwendet. Entsprechend wird es unterschiedlich segmentiert.

1. Etymo_geleier. Unverbesserliche reden von E., wenn Feministinnen aufzeigen wollen, was etymologisch eigentlich in heute eher unschuldig auftretenden Wörtern steckt. Klar gemacht wird, dass in *jemand*, auch in *niemand* eben *Mann* steckt, was man immer noch gut erkennt in der pronominalen Wiederaufnahme: *jemand, der . . .*

Linguistisch Gebildete können hier selbstverständlich noch weiter zurückkommen, so die historische Perspektive weiter öffnen und zeigen, wie sich das Männliche immer mehr versteckt, aber subkutan (und subversiv?) eben doch am Leben bleibt. So wurde erkannt, dass selbst in *Welt* noch das Männliche versteckt lebt.

In alter Zeit hieß es *wer-alt*, was so viel wie „Zeitalter" bedeutete, aber in *wer* steckte wieder „Mann" als Verkleidung von Mensch. Na ja, damit wird auch deutlich, was es mit dem heutigen Fragewort auf sich hat.

2. Etymogel_eier. Auch diese Bedeutung zielt ins gleiche Feld und ist ähnlich motiviert. Es ist die Bezeichnung für die Produkte des Etymo_geleiers. Außer den oben vorgestellten gehören dazu auch klar sichtbar *manche* und *mannigfaltig*.

Und – wie sich zeigen wird – noch viele mehr.

Sprachglosse

Zugegeben die Partizipanz war eigentlich bisher der linguistischen Fachterminologie vorbehalten. Die Idee der Teilhabe, für die das Wort steht, ist aber lange schon eine soziale wie philosophische Idee.

Im Rahmen der G-Sprache nun wird von Partizipanz gesprochen, wenn kommunikativ Partizipierende auch overt partizipieren. In der aktiven Variante geht es darum, diese Möglichkeit auch sprachlich zu eröffnen. Kleinere Probleme der Methode werden erst einmal hintangestellt.

Ein zu Fuß Gehender geht ja wirklich, wäre aber nach herrschender Lehre männlich. Sollte demnach nur im Plural auftreten. Studierende Studenten gibt es gewiss. Aber welche, die die ganze Zeit studierend sind? Und schlafende Studierende tun es im Schlaf?

Dichtende Dichter, klar, die wird es geben. Denn ein nicht-Dichtender wäre ja kein Dichter. Aber ständig dichtende Dichtende wären wohl nicht ganz dicht.

Auch Deutsch Sprechende sollten nicht dauernd Sprechende sein. Darum würden wir empfehlen Deutschsprechen-Könnende. Aber auch die nur im Plural, sonst kommt ihnen die deutsche Grammatik in die Quere. Sinnigerweise hat das Deutsche noch ein zweites Partizip, das X-ende in der Partizipanz als Reinigende verwenden können. Aber auch da muss man aufpassen:

Flüchtende Flüchtlinge sind noch keine Geflüchteten. Nur die, die Glück hatten – oder auch ein bisschen Pech.

Gastkommentar

Die Rede von der Sichtbarmachung von Frauen in Texten beruht natürlich auf einem Kategorienfehler oder weniger fein gesprochen auf der Vermusselung von Sprache und Welt. (Und dazu noch auf dem Level von Bilderschrift!)
Texte bestehen doch aus Wörtern. Auch feminine Wörter sind keine Frauen. Das kann man zwar bedauern, weil wir uns schöne neue ja per Wortbildung machen könnten. In jedem Fall wäre das Ziel gutwillig korrekter formuliert, Frauen lesbar zu machen.
Aber wem würde das schon gelingen?
Die Frau das ewige Rätsel.

Je weiter wir in der textuellen Sichtbarmachung von Frauen kommen, umso wichtiger wird, dies jetzt auch in anderen Kommunikationskanälen zu realisieren. Dazu zählen neben dem visuellen Kanal dann der audiale, der odorale und der taktile. Hierbei wäre der odorale Kanal besonders wichtig, weil es direkt um Realität geht, keine Sprache dazwischensteht. Das ist natürlich lange bekannt und das Angebot an hilfreichen Mitteln ist immens. In Italien finden sich auch schon Hygiene-Artikel, die als delicatamente profumato ausgezeichnet sind.
Ob allerdings dieser Kanal für eine verlässliche Kommunikation differenziert genug wäre, ist zu bezweifeln. So gibt es bisher wenig odorale Gedichte, um nur ein neues Aufgabenfeld anzutippen.
Nachdem mit einigem Erfolg an der sog. Sichtbarkeit von Frauen in Texten gearbeitet wurde, wird nun auch die Hörbarkeit ins Visier genommen (was natürlich etwas paradox klingt).

Ein Weg zur Hörbarkeit ist die Übersetzung des Sternchens in einen Knacklaut. Da der aber nicht ganz einfach zu produzieren ist und nicht von allen gehört wird (vor allem nicht von Gehörlosen und weißen schwerhörigen Alten), müssen andere Möglichkeiten in Betracht gezogen werden. Geprüft wird zur Zeit der Vorschlag, nach jedem generischen Maskulinum eine kurze Pause von 5 sec. zu machen, sozusagen eine Denk-, vielleicht auch Gedenkpause.
Eine lange Tradition gibt es im Taktilen. Seien es die körperlichen oder die seelischen Gefühle oder das Liebesgefühl, ein Sowohl-als-auch. Möglicherweise gab es da immer schon eine Art Symmetrie zwischen den Geschlechtern.
Aber es gab auch immer schon das Sprachgefühl. Es steht zu hoffen, dass es nicht wie schon im Feld der Sichtbarkeit auf der Strecke bleibt.
Schließlich geht es noch an die gesprochene Sprache. Da dient der Knacklaut und wir lernen so erst, was das für einer ist.
Welchen Unbilden ist man da nach Ihrer Meinung ausgesetzt?

- Man wird beknackt.
- Man braucht ein Hörgerät.
- Ich kann ihn nur lesen.

Sichtbar und hörbar werden Frauen in ziemlich entstellter Form nun schon gemacht. Aber wie steht es mit den anderen Kommunikationskanälen? Bestünde da noch Handlungsbedarf?
Wo läge Ihrer Meinung nach das interessanteste Feld?

- riechbar (odoral)?
- hörbar (audial)?
- fühlbar (taktil)?

(Wöchentlich von Emma Klingbeil)

Self assessment (wl)

Kreuze (im Geiste) an.

1 = nie . . . 6 = immer

Eingreifen ist unser Ziel.

Wenn eine was zu kritisieren hat, dann ich!

Moralisieren ist nicht gleich moralisch.

Mein eigenes Sprechen kritisieren? Nie!

Self assessment (wl)

Kreuze (im Geiste) an.

1 = nie . . . 6 = immer

Moral fällt nicht vom Himmel.

Wegen meiner Überzeugungen lasse ich mich nicht kritisieren.

Selbstkritik geht mir am A vorbei.

Man muss sich einfach durchsetzen.

X-isten sind wie maulwürfe, die blind in
der sprache herum reuten und wühlen.
Jacob Grimm
(sanft variiert)

5. Moral

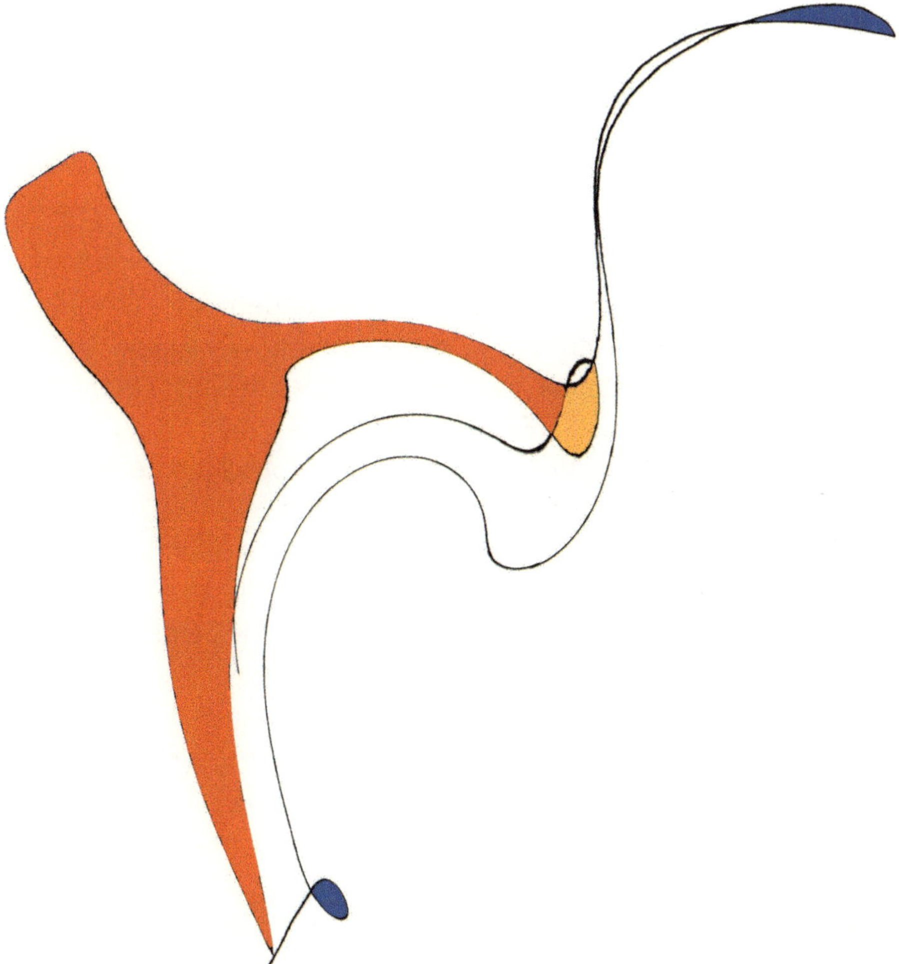

Eine Frage der Moral?

Ja, natürlich! Frage nur von welcher. Sie merken, ich handle weiter vom Gendern und vom nicht unverwandten politisch korrekten Sprechen (bitte nicht Sprache!).
Frühe Funde zu moralisch basierten Versuchen einer der Urmütter waren etwa von dieser Art.

> Die Kerle sollen auch mal erleben, wie es sich anfühlt, stets nur mitgemeint sein.

Oder besser:

> Zeigt es den Kerlen mal, wie das ist, feminin zu sein?

Klar, das ist biblisch „Auge um Auge, Zahn um Zahn." Allerdings dort schon atavistisch und christlich überwunden. Aber unsere Protagonistin geht noch weiter (weiter zurück?). Es war schon etwas eigen, dass es mich als Mann treffen sollte, auch wenn ich gar nichts gemacht habe. Brutal global.
Natürlich: Es geht nur um Geschlechter und Geschlechtergerechtigkeit. Nicht mal auf dem Stand der Blutrache.
Ja, wer diese Art von Moral vertritt, lebt nicht ungefährlich. In der Menschheitsgeschichte finden sich treffliche Beispiele. Aber keine Angst: Ich schließe mich nicht an. Und schieße nicht zurück auf diesem Niveau.
Wie in der Entwicklung der Moral musste man auch in diesem Feld etwas vorankommen, etwas moderner werden. Also auf zur Goldenen Regel der Moral:

> Was du nicht willst, dass man dir tu, das füg auch keinem andern zu.

Bisschen dumm, weil Frauen da nicht sichtbar sind. Es könnte sie ja gar nichts angehen? Wie die da oben?

Aber gut, wir nehmen es generisch und generisch wurde es immer genommen. In der philosophischen Moraldiskussion hat man allerdings bald gesehen, dass nicht alles Gold ist, was zu glänzen scheint. Einmal war da das Sadomaso-Paradox. Sie können sich denken, wie das geht? Und dann des Richters Problem, der jemanden nicht zum Tode verurteilt, weil er fürchtet, dass er dann selber dran sei. Es scheint, dass man vielleicht doch ein höheres moralisches Prinzip braucht, das hier greift und über der Goldenen Regel steht. Wir werden gleich sehen, dass es das gibt. Wer sich dessen nicht bewusst ist, der wird dann doch in unserem Feld zur Goldenen Regel greifen, aber vielleicht eher Tombak draus machen, indem er sie entscheidend abwandelt – wohlgedacht für seine Zwecke. Da lautet sie nun so (Sorry, das Deutsch ist nicht von mir):

> Stelle andere sprachlich nicht so dar, wie du nicht wollen würdest, dass man dich an ihrer Stelle darstelle.

Und dann gleich noch ohne Negation:

> Stelle andere sprachlich stets so dar, wie du wollen würdest, dass man dich an ihrer Stelle darstelle.

So richtig tief will ich hier nicht in die Moraldiskussion einsteigen. Aber Sie können leicht ermitteln, wieso die Goldene Regel negiert formuliert ist. Ich bleibe hier bei der Goldigen Version und ihren Einsprengseln. Was das mit dem Konjunktivkunststück auf sich haben können würde, lass ich auch mal beiseite. Ich stutze beim *darstellen*. Ich dachte, es gehe eher darum, wie man jemanden bezeichnet, also irgendwie um nominale Ausdrücke. Soll das Ganze mit dem *darstellen* verschärft werden?
Auf jeden Fall sollte man zuerst mal unterscheiden, ob ich mit einem nominalen Ausdruck über eine Person rede – auf sie referiere –, oder, ob ich sie anrede.

Eine Darstellung nun wäre mindestens ein kleines Textlein. Etwa:

Ich kenne da einen Linguisten. Er ist physisch groß und vollschlank, versteht nicht so viel von Sprechakttheorie.

Oder referierend:

Unseren Linguisten kümmert Sprechakttheorie wenig.

Oder als Anrede:

Hallo, großer Sprechakttheoretiker.
Hi, alter Sprechakttheoretiker!

Das ist allerdings nur ein Problemchen bei der Goldigen Regel, wenngleich in der Gesamtdiskussion kaum bedacht, ebenso wenig wie das Sadomaso-Paradox. Ich persönlich habe ein gewisses Problem, mich in eine Frau zu versetzen – um die es ja erst einmal gehen soll – und mir auszudenken, wie sie gern genannt oder benannt oder auch nicht benannt oder nicht genannt werden möchte. Woher sollte ich das wissen? Bleibt also letztlich doch alles bei mir? Das wäre für diesen Zweck eine recht schlaue Moral. (Wenngleich sie etwas hat von der moralischen Moral. Denn moralisches Handeln ist immer Aufgabe und Ziel des Individuums.)

Es scheint, die Verfechter* sehen das schon und sie bringen allgemeine Maßstäbe bei. Aber bleiben wir dann bei mir? Bei mir als handelndes Individuum? Werden da nicht Dinge an mich herangetragen, die ich vielleicht gar nicht will?

Derlei Probleme sind mit der echten Goldenen Regel seit Kant bekannt. Und bei ihm geht es dann etwas anders. Erst einmal: Bei ihm geht es um die moralische Pflicht, die sich herleitet aus der (variierend formulierten) Maxime:

Handle so, dass die Maxime deines Handelns
zum allgemeinen Gesetz werden könnte!

Oder damit begründbar ist.

Das Entscheidende ist dabei, dass es nicht im Individuellen bleibt (wenngleich Schlaule sagen wird: „Prima, genau so ein Gesetz will ich").
Mit den Pflichten nun hatten es die Puristen (sorry, ich glaub, es waren keine Frauen dabei) immer schon. Hier bitte ein paar, auf die sie sich beriefen.

Ein kleines Bonbon hat der Leiter des Instituts für Deutsche Sprache hinzugefügt. Ihm ist es gelungen, im Verein mit einer Dudenpreisträgerin die demokratische Pflicht zu kreieren. Das ist noch süßer als die Pflichten im Wordle. Es ist allerdings ein wundersames Demokratieverständnis. Es ist gerade der Witz unserer Demokratie, dass sie uns keine solche Pflichten auferlegt. Und was unser Thema betrifft, ist gerade die Freiheit der Rede das demokratische Grundprinzip.
Ich belasse es mal hierbei und wende mich nachher der Moral zu, die hier einschlägig ist: die kommunikative Moral.

Ein Wort zur Meinerei

Bei dem Verb *mitmeinen* geht es weniger darum, was man mit der Äußerung von X meint, als vielmehr darum, was zu dem eigentlich Gemeinten und durch die Bedeutung Gesicherten noch zusätzlich und nur zusätzlich gemeint ist, gemeint sein kann. Was jeweils gemeint ist, weiß erst einmal nur, wer spricht. Erst wenn andere ihn verstehen, wissen auch sie, was gemeint war, wenngleich immer ungewiss bleibt, ob das Verstandene und das Gemeinte identisch sind.

Das ist das Risiko der Kommunikation.

Da wohl auch das Mitgemeinte Gemeintes ist, gilt dafür das Gleiche. Es bleibt immer persönlich und individuell. Erst die Bedeutung kann Kriterium und Grenze des Meinens sein. Die Bedeutung sorgt eben dafür, was normalerweise gemeint ist. Wer im generischen Gebrauch des Maskulinums im klärenden und passenden Kontext Frauen nur mitgemeint sieht, der hat einfach nicht verstanden. Oder nicht verstehen wollen.

Oder absichtlich missverstehen wollen.

Missmeinen soll wohl recht verbreitet sein bei normalen Leuten. Sie meinen einfach, mit den generischen Personenbezeichnungen seien sowohl Männer als auch Frauen gemeint. Sie verstehen sie so und verwenden sie so. Werden sie aufgeklärt, geraten die Ärmsten schon mal in Zweifel und werden unsicher in ihrem natürlichen Verständnis. Gut so!?

Auf der anderen Seite gibt es eine Art Pendant, von dem die Aufklärenden sich nähren. Es ist das Missverstehen, bis hin zum absichtlichen Missverstehen, das ihnen die Basis für ihre aufklärenden Mühen liefert. Solcherart Nahrung haben sie dringend nötig im Kampf gegen – ja gegen was eigentlich?

So tun als ob

Verstehen und so tun, als ob man anders verstünde, ist wohl eine Frage der Moral.
Für mich nicht weit von der Lüge. Nun haben wir armen Sünderlein für das Lügen viele mildere Varianten erfunden. Sowas wie *flunkern* oder *schwindeln*. Wenn wir aber bei der Moral sind, dann ist lügen unter Vortäuschen moralischen Handelns mit das Schlimmste. Und ich meine, darum geht es hier.
Hier geht es um heucheln und Scheinheiligkeit.

heuchlerisch

Hier können Sie aussuchen, wie man das noch nennen könnte.

doppelzüngig

verlogen

unverfroren

hypokritisch

scheinheilig

unglaubwürdig

pharisäerhaft

moralisieren

unredlich

Sorry, das musste ich mal etwas deutlicher darstellen.

Etwas allgemeiner?

Es ist natürlich klar, dass diese Art der Verstellung nahe bei der Lüge ist.
Schon Augustinus hat seinerzeit eine Skala für die Verwerflichkeit von Lügen entworfen. Die Frage wäre:
Wie hoch sind wir hier geklettert auf der Lügenleiter?
Ich bin gnädig, sag mal zweitunterste Stufe. Oder noch drunter?
Aber wer würde gerettet? Und wovor?

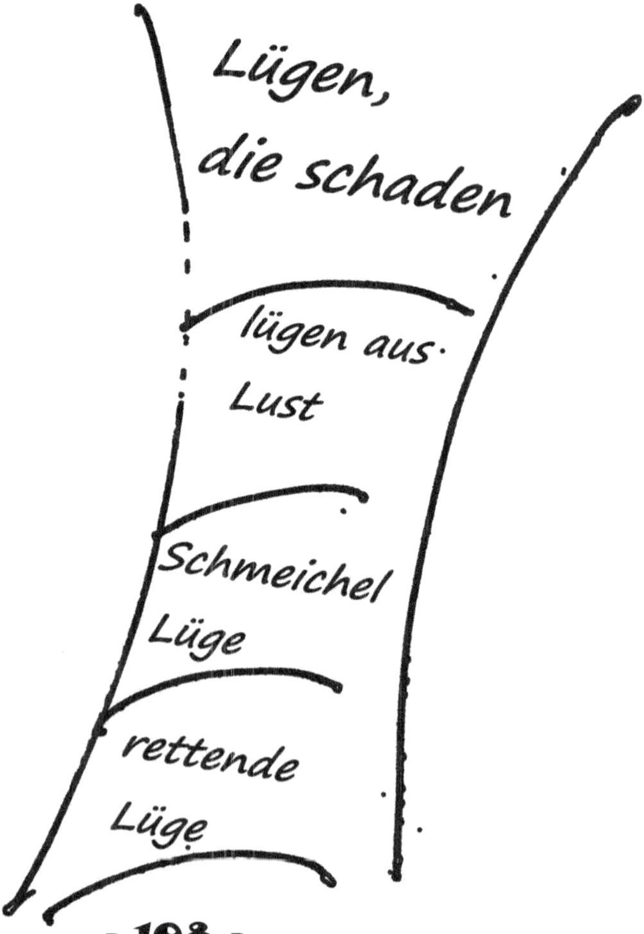

Aus dem Wörterbuch der PCler*innen

Eines der Basiswörter der Weltverbesserer ist *diskriminieren.*
Zur Verwendung des Wortes wäre eine Monographie angezeigt.
Die gefährliche Weite des sprachlichen Diskriminierens zeigt sich allein schon darin, dass man an einem Ende diskriminieren kann, indem man etwa Personen gar nicht benennt, und am anderen mit bestimmten Ausdrücken, die pauschal als diskriminierend deklariert werden. Haltbare und differenzierte Begründungen braucht man hierfür nicht.
In der geistigen Verfassung und Sprachkompetenz oben Betitelter sind vielleicht Wörter und Verwendungsweisen anders besetzt als in der Gemeinschaft. Das könnte gelten für die textuell unsichtbaren Frauen, deren Fehlen Normale gar nicht bemerken oder sie vielleicht sogar sehen. Aber auch für lustigere Sachen wie *Zigeunerschnitzel,* die von (doofen?) Gastwirten so benannt werden und von (ebenso doofen) Gästen genossen.
Ja klar, es sind ja alles Diskriminierende. Eben das genießen sie. Auf jeden Fall mehr als die Speise.
In neuerer Zeit wird dazu der scheinmoralische Grundsatz proklamiert, man möge doch andere nicht so benennen, wie man selbst nicht benannt werden möchte.
Das würde natürlich dazu führen, dass entsprechende Ausdrücke mit der Zeit aus dem Wortschatz verschwinden – mit dramatischen Auswirkungen. Nicht nur *Depp, Rassist, Macho* und Vornamen wie *Heini,* sondern auch *faul, dumm, schwul* und Unmengen weiterer würden dem Wortschatz entzogen – im Sinne einer besseren Welt. Auf jeden Fall wäre damit das Böse aus der Welt.

Lernecke

ge[ende]recht
GE[ENDE]RECHT

Was so alles gerecht sein kann. Oder sein könnte.
Was ein Mensch tut
Eine soziale Welt
Die Verteilung des Reichtums
Eine Strafe
Die Verteilung der Lasten
Ein Unentschieden
Das Steuersystem
Alles was ungerecht ist.

Und was eben nicht.
Eine Sprache
Eine Katze
Der Norden und der Süden
Mein Bücherregal
Ein Wort

Und ein Krieg? Aus Gründen der Gerechtigkeit nicht.

Aus meinem Leben -- eine Glosse

Die Offiziere des „Darmstädter Signals" hatten geschrieben und unterschrieben: „. . . halten wir die Aussage „alle Soldaten sind potentielle Mörder" inhaltlich für richtig". Das mussten die Richter auf einen juristisch brauchbaren Akt herunterbrechen.
Allerdings, einig waren sie sich da nicht.
Mit ihrer Unterschrift hätten die Soldaten:

⇒ sich die Presserklärung zu eigen gemacht
⇒ die Äußerung mitgetragen
⇒ den Eindruck erweckt
⇒ das Urteil unmittelbar unterstützt
⇒ eine reißerische wie undifferenzierte Meinungsäußerung verkündet
⇒ die Ehre der Kameraden verletzt
⇒ sich ins Abseits gestellt
⇒ pharisäerhaft agitiert
⇒ ihre Kameraden mit Mördern gleichgestellt
⇒ die Kameraden geschmäht
⇒ die Kameraden zu gewissenlosen Killern erklärt
⇒ sich eines Dienstvergehens schuldig gemacht

Warum dies hier? Ja, Sie können sich denken, was Sie alles tun könnten, wenn Sie Frauen nicht mehr verstecken in Ihren Texten und in die Fänge unseres Sprechakttheoretikers geraten.

Sprachlehre

Moral ist universal. Da gibt es kein wir und ihr. Moral gilt für uns alle. Darum kann es interessant sein, daran die Verwendung von *wir* zu messen.
Wo könnten wir alle gemeint sein, selbst wenn es gar nicht stimmt?
Und wo selbstgeschaffene Wirs?
Bilden Sie sich Ihre Meinung, was hier gewiss jener Scheinmoral verpflichtet ist.

- ⇒ Wir leben, indem wir ständig Gedanken und Gefühle verleugnen.
- ⇒ Wir alle werden durch Ignorieren in unserer Identität beschädigt.
- ⇒ Wir bestreiten nicht, dass Männer Menschen sind.
- ⇒ Wir tun uns schwer damit, dass auch Frauen Menschen sind.
- ⇒ Wir erkennen eine geradezu abgründige Frauenverachtung.
- ⇒ Wir lehnen die ergänzende Helferinnenrolle ab.
- ⇒ Wir sagen den Männern nach, sie dächten nur an das eine.
- ⇒ Wir dürfen andere nicht sprachlich diskriminieren.
- ⇒ Wir sind irritiert, verletzt, wenn wir falsch angesprochen werden.
- ⇒ Wir wollen angesprochen und explizit benannt werden.
- ⇒ Wir haben wichtige Gründe, uns einengende Regeln nach Bedarf zu ignorieren.

Wenn wir wir sind, dann haben wir auch traumhafte Möglichkeiten, zu setzen, wer die anderen sind. Vor allem können wir sie brauchbar konstruieren.
Und öfter soll ich wohl auch inkludiert werden, wenn wir solche diskriminierenden Ausdrücke vermeiden sollen. Aber ich bin meistens ein Ihr. Leider!

Flüchtlinge = Wort des Jahres 2015

Oder eher Unwort?
Neben der inhaltlichen Bedeutung des Wortes „Flüchtlinge" wies die GfdS in ihrer Begründung auch auf die sprachliche Seite hin: Das Wort klinge in manchen Ohren abschätzig, weil Substantive, die aus einem Verbstamm und dem Ableitungssuffix „-ling" gebildet würden, oft eine negative Bedeutung hätten.
Als Beispiel nannte die Jury die Wörter „Eindringling", „Emporkömmling" und „Schreiberling". Andere Bildungen wie zum Beispiel „Prüfling", „Lehrling" oder „Schützling" betonen vor allem den passiven, nicht gleichberechtigten Aspekt.

Aha, eine besondere Auffassung von Lehrlingen. Und diese passiven Flüchtlinge!

Na, und wer die hier nicht mag?
Ankömmling, Armutsflüchtling, Bitterling, Neuling, Bückling, Darling, Däumling, Fremdling, Fäustling, Jüngling, Seitling, Liebling, Häuptling, Pfifferling, Prüfling, Riesling, Saibling, Schmetterling, Sperling, Säugling.

Ok, dann aber: Ehrgeizling, Feigling, Fiesling, Günstling, Impfling, Lüstling, Mischling.
Sollte man die nicht benennen dürfen? Aber was können sie dafür? Mit der Entfernung des Wortes kriegt man sie nicht weg.

Sprachtraining = Denktraining

Was konnte wohl einen Gastwirt dazu bewegen, ein Gericht Zigeunerschnitzel zu nennen?

- □ Er wollte mit dem Z-Wort sein Schnitzel diskriminieren.
- □ Er wollte auf eine besondere Zubereitungsart hinweisen.
- □ Er wollte zeigen, woher das Fleisch kam.

Was bewog wohl die Gourmette nicht, ein Zigeunerschnitzel nicht zu essen?

- □ Sie wusste was über die Zubereitungsart.
- □ Sie liebte Paprika.
- □ Sie glaubte, da sei Zigeunerfleisch verhackstückt.

Das „Zigeunerschnitzel" steht mit den so bezeichneten Bevölkerungsgruppen in keinem historischen Zusammenhang.
Da könnte man den Hyperlinguisten schon fragen:

- □ Qua Schnitzel, also nur Teile?
- □ Wäre Roma-Schnitzel besser?
- □ Wurde behauptet, es sei ein Lehnwort?

Welche Bevölkerungsgruppe wurde mit *Zigeunerschnitzel* bezeichnet?

- □ Gottseidank keine!
- □ Das fahrende Volk.
- □ Sinti und Roma.

Was könnten Zigeunerschnitzel, nicht „Zigeunerschnitzel", mit Zigeunern zu tun haben?

- □ Es war Paprika (und Pepp) dran.
- □ Beides fing mit Z an.
- □ Zigeuner haben es erfunden.

Die Goldene Regel fordert, dass wir uns tatsächlich in die Lage der anderen versetzen.
Was würde die logisch Geschulte da nicht sagen?

- □ Genau das geht eben nicht.
- □ Ich kann mir das bestenfalls vorstellen.
- □ Ich will es versuchen.

Die Goldige Regel fordert, dass wir uns tatsächlich in die Lage der anderen versetzen.
Was würde der logisch Geschulte da nicht sagen?

- □ Alles bleibt bei mir.
- □ In mehrere versetzen macht schizophren.
- □ Ich bin kein Schnitzel.

Die Goldige fordert, dass wir uns in die Lage anderer versetzen.
Was würden logisch Geschulte da nicht sagen?

- □ Sag mir, wer die anderen sind!
- □ Für mich sind alle anderen andere.
- □ Das ist doch rein mental.

Die Goldene Regel ist doch perfekt. Wenn alle sie befolgen,

- □ nennst du dich Idiot, wenn der einen anderen so nennt.
- □ nennst du dich einen Idioten, wenn sie andere so nennt.
- □ nennst du jeden Idioten, der sich selbst mal so nennt.

Self assessment (wl)

Kreuze (im Geiste) an.

1 = nie . . . 6 = immer

Ich unterstütze Diskriminierte, indem ich sie nicht nenne.

Ich gendere, weil ich damit gut ankomme.

Ich möchte gerecht sein.

Man muss fortschrittlich sein.

Self assessment (ml)

Kreuze (im Geiste) an.

1 = nie . . . 6 = immer

Moral hin, Moral her: Ich gendere!

Ich gendere, weil ich glaube, damit die Lage der Frauen zu verbessern.

Frauen hatten immer schon Moral nötig.

Man muss Moral auch durchsetzen.

Leicht ist Moral predigen,
Moral begründen schwer.

Und moralisch handeln?

6.

Kommunikative Moral

Der kommunikative Urgrund

Im Jahre 1967 erarbeitet der englische Philosoph H. P. Grice – erst unpubliziert und nur als Vorlesungsmitschriften kursierend – eine Art Katalog für die Grundprinzipien menschlicher Kommunikation. Damit gelingt ihm der Traum, den so viele Wissenschaftler hegen: Alles aus einem Prinzip zu erklären. Er geht davon aus, dass menschliche Kommunikation ein vernünftiges und kooperatives Unternehmen ist.
Als Fundament gilt Grice das Kooperationsprinzip:
0. Kooperationsprinzip
Mache deinen Beitrag zu einem Gespräch so, wie der akzeptierte Zweck oder die Richtung des Gesprächs es verlangen an der Stelle, wo du ihn machst.

Damit hat er die Grundlage formuliert, auf der wir über das Gesagte hinauskommen. Es ist das unverzichtbare Prinzip, um menschliche Kommunikation zu verstehen. Es folgen:

1. Maxime der Quantität
1.1 Mache deinen Beitrag so informativ wie nötig.
1.2 Mache deinen Beitrag nicht informativer als erforderlich.

2. Maxime der Qualität
2.1 Sag nichts, was du für falsch hältst.
2.2 Sag nichts, wofür du keine gute Rechtfertigung hast.

3. Maxime der Relevanz
3.1 Sei relevant! Sag nur, was zum Thema gehört.

4. Maxime der Art und Weise
4.1 Vermeide unklare Ausdrucksweise.
4.2 Vermeide Mehrdeutigkeit.
4.3 Fasse dich kurz (ohne Umschweife).
4.4 Sprich geordnet.

Klingelt es Ihnen schon in den Ohren bei unserem Thema?

Nicht umsonst hat Grice das in Anlehnung an Kant formuliert. Die kommunikative Moral wurde gewonnen aus den Grundprinzipien menschlicher Kommunikation. Wir haben sie von Anfang an gelernt, wir befolgen sie anscheinend intuitiv, so intuitiv, dass wir sie gar nicht kennen müssen. Erst mit der Formulierung werden uns ihre Prinzipien bewusst. Darum ist es auch nicht verwunderlich, dass sie erst im vergangenen Jahrhundert explizit und geordnet formuliert wurden.
In der weiteren Arbeit wurden die Prinzipien auch ganz kurz und knackig formuliert.
Mit diesen knackigen Formulierungen kommen wir aus:
- Sag, was zu sagen ist.
- Sag, so viel du kannst.
- Sag nur, so viel du musst.

Das Maß hierbei ist immer der Partner oder die Partnerin. Auf sie stellen wir uns antizipierend und empathisch ein.
Handlungen, die gegen ein Prinzip vordergründig verstoßen, werden automatisch neu gedeutet. Die Muster sind vorgesehen. Wer gegen die Quantitätsmaxime verstößt und zu viel erzählt, wird zum Schwätzer. Ich höre ihm nicht mehr zu, meide gar den Kontakt.

Wer keine Verantwortung übernimmt für das, was er sagt, dem glaube ich nicht mehr. Das gilt für Männer und Frauen gleichermaßen (um gleich mal gegen ein Prinzip zu verstoßen).
Der Extremfall ist der verantwortungslose Bullshitter, der letztlich sagen kann, was er will.

Wer zu wenig sagt, wird sein Ziel schon mal erreichen. Auf die Dauer aber verliert er seine Glaubwürdigkeit. Da sind wir schon hart an der Lüge, für die der Volksmund das noch härter sagt mit dem: „Wer einmal . . ." Letztlich schaffen wir diese Folge aber eher nicht. Gottseidank?
Die gelungene Lüge nun – und selbst der Versuch – wäre schon ein Fall für die allgemeine Moral. Darum hat man sich mit ihr auch über die Jahrhunderte beschäftigt. Die Arten und ihre Schwere können wir uns auf der Lügenleiter ansehen.

Mit den Maximen der kommunikativen Moral kommen unsere Protagonisten* öfter in Konflikt. Als Beispiel nur die Maxime:
- Sei informativ!
- Sprich relevant!

In welchem Sinne soll es relevant sein, dass mir immer klar gemacht werden soll, dass es Mann und Frau gibt, dass Frauen und Männer gemeint sind, obwohl ich das weiß und gut verstehe? Und wie wäre es mit der Maxime vereinbar, dass es mir immer wieder gesagt wird? Es ist einfach amoralisch.
Ja, aber: Es wird doch gar nicht von mir verlangt, dass ich das auch tun müsse. Nun, das mag sein, wenngleich: Es wird von anderen eben doch verlangt – auf welchem Weg auch immer.

Doch diese verlangenden X-e sind sanft, sie empfehlen doch nur. Ja, vielleicht. Aber unser Fall ist überhaupt nicht von dieser Art. Mein Problem ist, dass zum Beispiel öffentliche Anstalten, die einen öffentlichen Auftrag haben, öffentliche Medien, für die ich sogar bezahlen muss – ja, muss –, meine Lebenszeit verbrauchen, indem sie mir diese überflüssigen Verlängerungen zumuten.
Gendersprech nun ist keine Lüge (wenngleich Genderonen in Gefahr leben, wenn sie historische Tatsachen gendernd darstellen). Aber jedes Individuum ist frei in seiner Rede. Wir verstehen, was gesagt wird, und vielleicht sogar ihre Motive, wenngleich das Ganze wunderlich werden kann.
Verwerflich wird Gendern – wie gesagt – in öffentlichen Medien und Texten, Gesetzestexte, die ich als Bürger lesen muss. Das ist reines Machtgehabe, gar Machtmissbrauch.
Gesetzestexte mussten immer schon verständlich und zugleich exakt sein. Und wo die Sache etwas Fachsprache brauchte, mussten wir eben was lernen. Aber alles im Sinne der Sache und kein generalisierter Mechanismus.

Öffentliche Medien haben die Sprache zu sprechen, die im Prinzip die meisten Deutschen verstehen und reden. Wenn das auch nicht immer ganz gelingt, auch weil dieses Deutsch ein Konstrukt ist.
Willkürliche und ideologische Eingriffe sind nicht nur kritikwürdig, sondern moralisch verwerflich. Das gilt insbesondere für diejenigen, die das wissen. Und wer weiß das schon nicht?

Einst, jetzt und immer

Vor Jahren warb die SPD mit einem Wahlslogan in der Bildungspolitik: **Chancengleichheit für alle!**
Die CDU konterte mit: **Chancengerechtigkeit für alle.**
Die SPD-Werbung war moralisch perfekt. Die CDU klang auch gut. Sie hatte sich vor allem mit der Gerechtigkeit ein werbewirksames Blümchen angesteckt. Aber sie hatte auch etwas Luft rein gelassen. Was war Gerechtigkeit, wenn nicht Gleichbehandlung?

Im Rahmen des Moraldiskurses spielt Gerechtigkeit die zentrale Rolle. Der Philosoph John Rawls formulierte dazu zwei Prinzipien:
Grundprinzip: Jeder Mensch hat den Anspruch auf gleiche Grundfreiheiten, der mit den Freiheiten für alle vereinbar ist.
Differenzprinzip: Ungleichheiten sind tolerabel, wenn sie zum größten Nutzen für die Gesamtheit der Benachteiligten sind und wenn Ämter und Positionen jedem offenstehen.

Das ist einschlägig und eine Nummer zu groß für hier.
Schauen wir, was wir sprachlich gewinnen:

> Gerechtigkeit ist ein Ideal oder auch ein Konstrukt, das als ein Ziel oder Prinzip der allgemeinen Moral gesehen wird.
> Sie ist kein bestehender Zustand. Wir müssen uns bemühen, GERECHTIGKEIT herzustellen. Sie einfordern und dafür sorgen, dass sie verwirklicht wird. Schauen, das GERECHTIGKEIT waltet und sie dann auch hochhalten.
> Und bei Verlust sie wieder herstellen.
> Damit GERECHTIGKEIT eintritt müssen wir auch schon mal für sie kämpfen und hoffen, dass sie am Schluss siegt.
> Moralisch etwas heikler wird es schon, wenn jemand der Gerechtigkeit zugeführt wird, wenn sie ihr widerfährt.

Impf Fischerei
Werk

Gender
Tausch Un

Gerechtigkeit

Selbst Chancen
Wehr
Markt

Hut
Steuer
Generationen
Leistungs
Geschlechter
Abbau Schank
Verteilungs Holz
Jagd

Brau

Linguisten* im Gespräch

Es ist erstaunlich: Da gibt es seit einem Vierteljahrhundert Regelungen und Verordnungen von Bund und Ländern zur geschlechtergerechten Verwendung der deutschen Sprache, erlassen von Parlamenten und Regierungen – und immer wieder aufs Neue erhebt sich ein vermeintlicher Volksprotest gegen diese angeblich „von oben" verordnete „Verunstaltung" des Deutschen.

Unabhängig von diesen populistischen Angriffen wird allerdings auch aus der Sprachwissenschaft Kritik am Gendern geäußert. „Genus hat nichts mit Sexus zu tun!"

Grundlegend ist die Erkenntnis, dass Personenbezeichnungen wie *Terrorist, Spion, Physiker, Lehrer, Erzieher, Florist* oder *Kosmetiker* ein sogenanntes soziales Geschlecht aufweisen.

Es ist darüber hinaus geradezu eine demokratische Pflicht, die Entfaltung von Chancengleichheit und -gerechtigkeit nicht schon durch die Ablehnung geeigneter sprachlicher Mittel zu behindern.

assessment (ml)

Kreuze (im Geiste) an.

1 = nie . . . 6 = immer

Was ist schon Moral.
Auf die realen Verhältnisse kommt es an.

Moral? Na klar. Wir machen sie!

Kant. Wer war denn das? Und Grice? Puh!

Fortschritt kennt keine Moral!

Jeder hat das Recht, seine Meinung in Wort, Schrift und Bild frei zu äußern

Die Zuordnung dieser Kurzanworten überlasse ich Ihnen.

Und die Spionin und Lehrerin nicht?

Und was geeignet ist, bestimmt ihr!

Wer sich nicht fügt, ist Populist.

Erstaunlich! Wenn es solche Verordnungen gäbe, dann dürfte man nicht protestieren?

Sind Verordnungen nicht von oben? Und wie sollte man sie kritisieren, wenn es sie nicht gäbe?

Ein vermeintlicher? Wär doch gar nicht schlimm!

Na, na. Wer sagt denn, Genus habe nichts mit Sexus zu tun?

Verstehen vor Widerspruch

Mir scheint es geht in jener Sorte von Moral eher darum, dem Gegenüber Meinungen zu unterstellen und sie in schräger Argumentation zu begründen. Was jemand wirklich meint, bleibt außen vor. Es wird unterstellt und gegen ihn verwendet. Eine Art Globalverleumdung.

Demgegenüber das „principle of charity". Es ist ein Grundprinzip des Verstehens, eine Art Hineinversetzung in den Partner. Es würde verlangen, die Äußerungen anderer mit dem bestmöglichen Sinn zu verstehen.

Daraus könnte man im Einzelnen ableiten und erproben:

- A verwendet die Wörter in seinem Sinne normal.
- A lügt nicht.
- A möchte solide argumentieren.
- A sagt was für ihn Relevantes.

Dies ist natürlich nicht faktisch gemeint. Auch nicht, dass du A am Ende glauben müsstest. Es geht nur darum, A zu verstehen, besser zu verstehen. Also, selbst wenn du es nicht glaubst, wenn du es am Anfang und am Schluss für Unsinn hältst.

Argumentieren kannst du nur gegen das Wohlverstandene. Auch wenn es länger dazu braucht, auch schon mal hin und her geht.

Im Grundsatz ist unser aller Verstehenskompetenz und Kulanz so hoch, dass wir auch das Abweichende und das uns abweichend Erscheinende verstehen können – zumindest ungefähr und oft schwer. Das tun wir sogar bei Genderern*, wenn sie abweichend reden, grammatisch inkorrekte Sätze verwenden.

So sind wir!

Aber darum müssen wir es noch lange nicht akzeptieren.

Self assessment (wl)

Kreuze (im Geiste) an.

1 = nie . . . 6 = immer

Moral muss jede selbst machen.*

Moral? Na klar. Aber meine!

Kant? Der war doch ein Chauvi!

Auch die Moral muss fortgeschrieben werden.

Dieses Buch richtet sich an fortgeschrittene Leser/innen und Laien.

Wenn Sie alles gelesen haben, ist Ihnen klar, wer hier nicht gemeint ist.

Aber vielleicht war das Buch auch was für die?